数字中国通识读本

U0819306

区块链导读

Guidebook of BlockChain

凌　力　著

同济大学出版社
TONGJI UNIVERSITY PRESS

内容提要

本书分六讲共100个问答题，以图文并茂的形式，解答、探讨区块链的技术原理、技术本质、技术创新、技术应用和技术未来，以期读者对区块链这一前沿技术有较为准确、全面和深入的把握。本书适合政府机关工作人员、普通大众读者阅读。

图书在版编目（CIP）数据

区块链导读 / 凌力著. — 上海 : 同济大学出版社,
2020.4
（数字中国通识读本）
ISBN 978-7-5608-9227-6

Ⅰ.①区…　Ⅱ.①凌…　Ⅲ.①电子商务—支付方式—通俗读物　Ⅳ.①F713.361.3-49

中国版本图书馆CIP数据核字（2020）第059176号

区块链导读

凌　力　著

责任编辑　李小敏　**助理编辑**　裴晓霖　**责任校对**　徐春莲　**封面设计**　陈益平

出版发行　同济大学出版社 www.tongjipress.com.cn
（地址：上海市四平路1239号　邮编：200092　电话：021-65985622）
经　　销　全国各地新华书店
排　　版　南京文脉图文设计制作有限公司
印　　刷　上海安枫印务有限公司
开　　本　710 mm × 980 mm　1/16
印　　张　14.75
字　　数　295 000
版　　次　2020年4月第1版　2020年4月第1次印刷
书　　号　ISBN 978-7-5608-9227-6

定　　价　68.00元

推荐语

2019年10月24日，中共中央政治局就区块链技术发展现状和趋势进行第十八次集体学习。习近平总书记在主持学习时强调，区块链技术的集成应用在新的技术革新和产业变革中起着重要作用。我们要把区块链作为核心技术自主创新的重要突破口，明确主攻方向，加大投入力度，着力攻克一批关键核心技术，加快推动区块链技术和产业创新发展。

2020年3月，中共中央政治局常务委员会召开会议提出，加快5G网络、数据中心等新型基础设施建设进度。4月20日，国家发改委明确将“区块链”纳入新型基础设施中的信息基础设施。

那么区块链到底是什么？为什么要用区块链？区块链能改变什么？这些问题在本书中都能找到答案。

区块链实现了防伪造、防篡改、多方参与的数据记录方式，具有数据公开透明、信息安全程度高、可追溯性强等特点，由此奠定了坚实的“信任”基础，创造了可靠的“合作”机制，具有广阔的应用前景。

作为“数字中国通识读本”系列丛书的组成部分，本书可作为各级政府机关、企事业单位工作人员以及普通大众学习区块链知识的入门读物。

未来已来，唯有不断学习、革新，拥抱新技术，服务于政务、产业、金融，才能在新时代有所作为。

王　奕

上海区块链技术协会执行会长

前 言

区块链：数字经济入场券

计算机是20世纪最重要的科学技术发明之一，对人类的生产活动和社会活动产生了极其重要的影响。而互联网的出现，推动计算机发挥出更强大的生命力，把全球紧密地联系在一起。如今，互联网越是互联互通，人与人之间越是联系便捷，就越是考验人与人的信任度。过去，信息量小，只要掌握信息就能运筹帷幄，现在，信息满天飞，来源纷繁复杂，难以追踪与审查，最难的不再是无从获取，反而是如何判断与选择。数字时代，印章、照片、合同、账号、存款和股票都是电子的，如何查找、证明、确认和追责？如果没有信任可言，这些都是难以实现的。

如果说4G的发展开启了移动互联网新时代，并推动电子商务爆发式增长，“共享经济”“平台经济”等数字化新产业、新经济、新模式、新业态将消费生活全面拉入数字化，那么，5G将引发一场更大范围、更深层次的数字化转型浪潮。5G的毫秒级传输时延和千亿级的连接能力，使应用场景更有想象力，经济社会全面数字化转型将进入“新时代”。未来经济行为与经济价值都潜藏在应用场景和数字交换中。这是一个没有秘密的时代，也是一个充分便捷的时代。但是，便捷是需要付出代价的，比如安全可能存在隐患，信息可能会被盗取利用，不知道在和谁打交道，不知道该信任谁。但是，或许，并不需要去信任谁，因为信任跨越时空，因人而异；或许最好的方式不是去选择信任谁，而是去信任某种机制，这种机制需要更加可控的技术作为基础，但又不会被某方完全控制，被某个个体充分利用。

而区块链正是这样一种用于解决信任问题的技术和机制。区块链通过去中心化、分布式存储、智能合约、可信机制和通证手段，去争取协作、可信和共赢。区块链技术，是数字时代的一把门锁，更是数字经济的裂变基础。当年，支付宝的创立跨时代地解开了互联网交易的信任难题，从而使电子商务从尝试到量变再到质变。如今，区块链技术将构建数字经济中的信任机制，迎接全球数字经济爆发的新时代。和任何通信科技一样，区块链技术作为底层技术，没有应用场景，就没有任何价值。它与物联网、大数据、VR、AI 等是相互融合的互联网通信技术，相辅相成，缺一不可，是数字中国的重要组成部分。

2019 年 10 月 24 日下午，中共中央政治局就区块链技术发展现状和趋势进行第十八次集体学习。中共中央总书记习近平在主持学习时强调，区块链技术的集成应用在新的技术革新和产业变革中起着重要作用。我们要把区块链作为核心技术自主创新的重要突破口，明确主攻方向，加大投入力度，着力攻克一批关键核心技术，加快推动区块链技术和产业创新发展。

2020 年 3 月，中央政治局常委会会议提出，加快发展 5G、数据中心、人工智能、物联网、区块链等新型基础设施建设进度。区块链新基建将构建数字经济安全信任的重要核心。

目前，区块链技术应用热点主要集中于两个方向：数字货币（偏金融）和数字民生（偏智慧城市，政务亦包含在内）。区块链是数字经济的敲门砖，更是数字时代的入场券。区块链技术是数字经济与数字货币的底层技术，技术革命必然带动全球经济社会的全面变革。抓住数字经济的机遇与挑战，将有利于保护和提升中国的大国地位和国家安全。建议各地区政府将区块链技术知识学习和区块链技术应用作为 2020 年重要培训内容，致力于培养深度融入数字经济时代的各类管理人才。

基于此，在上海区块链技术协会和同济大学出版社的全面支持下，凌力教授所著的《区块链导读》得以问世，本书以通俗易懂的方式解读区块链技术的前世今生，揭下区块链神秘的面纱，为大众了解区块链相关科学知识打开一扇门。

本书适合作为党政领导干部的数字科技系列读本，也可作为企事业单位工作人员以及普通大众阅读学习区块链知识的学习参考书籍。

最后，感谢马兴发、王奕、王宏、庞引明等专家对本书的指导与支持。

魏雪飞

2020 年 5 月

注：本文作者魏雪飞系本书策划人，水到渠成智库首席专家、上海水到渠成科技产业研究院院长、上海科技成果转化促进会专家、上海区块链技术协会智库专家

带着问题学习区块链

What	什么是区块链?
Who	谁可以用区块链?
Why	为什么要用区块链?
Where	哪儿可以用区块链?
Which	区块链改变什么?
When	何时走向繁荣?

目录

CONTENTS

第一讲

追根溯源，深入剖析区块链原理

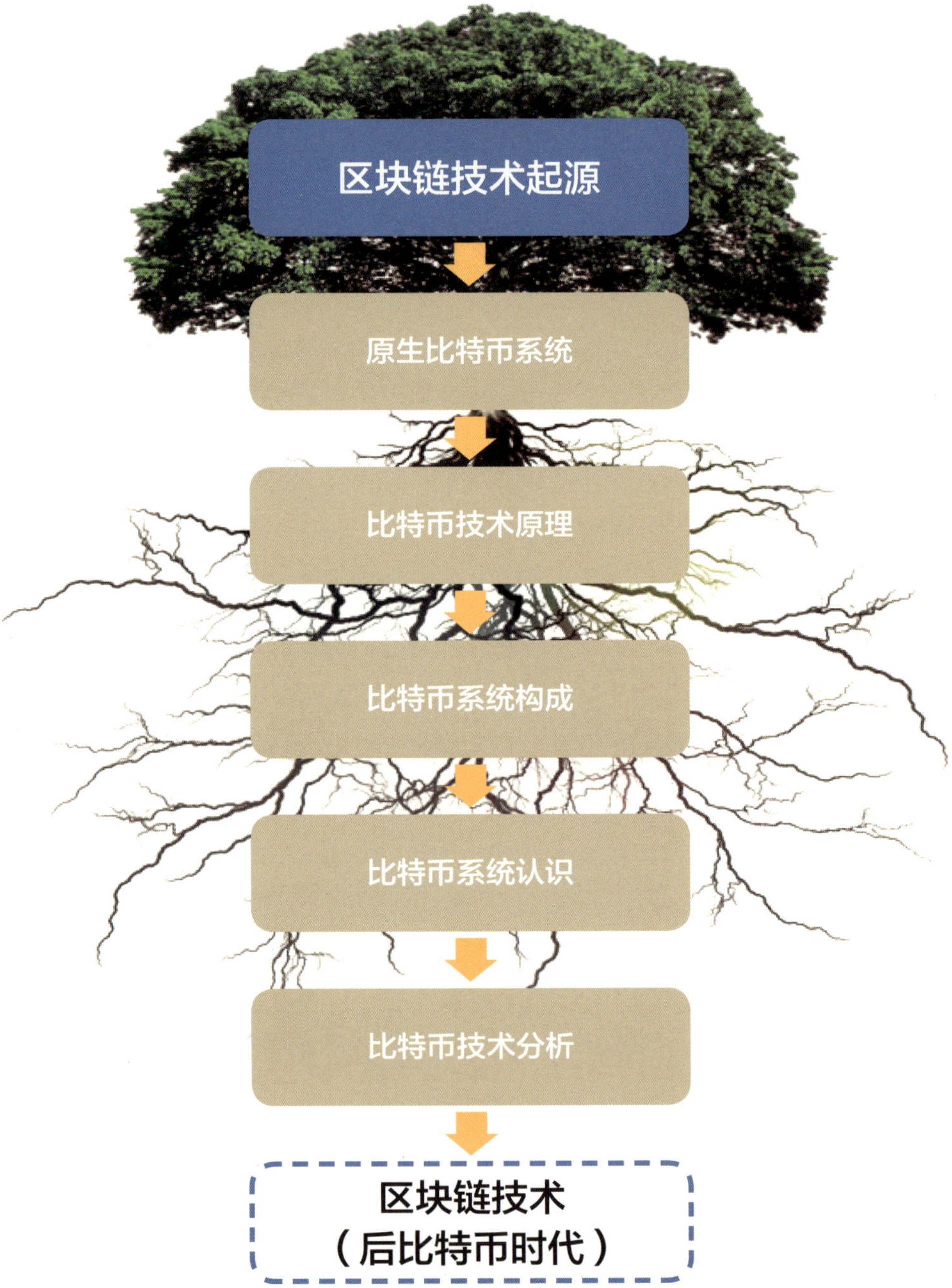
区块链技术起源
原生比特币系统
比特币技术原理
比特币系统构成
比特币系统认识
比特币技术分析
区块链技术
（后比特币时代）

概述

区块链技术来自比特币，而超越比特币。

学习和掌握区块链技术的最佳途径是从比特币原始创新开始，掌握其基本原理，从而准确把握其本质，并在此基础上理解相关技术、推动技术创新、推进应用落地。

1 学习和掌握区块链应该从何入手？

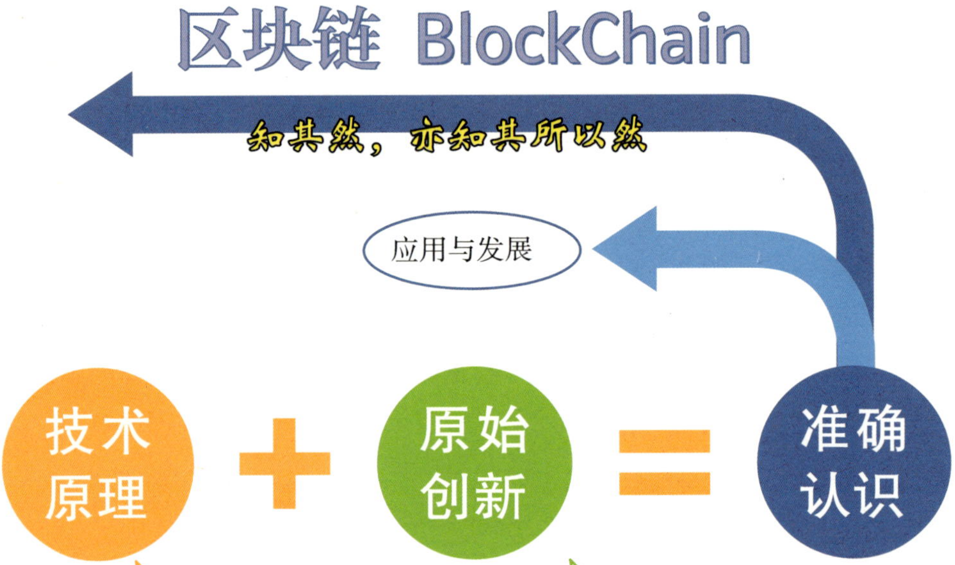

【入手点一】掌握区块链技术原理，才能深刻理解其价值所在，才能在应用中扬长避短、才能准确把握创新发展方向，才能避免误区、雷区，避免遇事不知所措或一味夸夸其谈

【入手点二】学习区块链技术，应追根溯源，从区块链原始创新——比特币系统入手，方可厘清来龙去脉，把握其理念、概念、机制、本质，方可在扎实基础上创新求变、创造价值

区块链技术是手段，不是目的

区块链是由互联网极客发明的技术，大量采用密码学、博弈论、概率论的原理和算法，因此给非相关专业的人士学习这项前沿技术带来许多麻烦。

学习并掌握区块链技术又是十分必要的，否则在认识上容易走入误区，在决策时容易走错方向，在应用中容易误入歧途。那么，如何才能快速步入区块链殿堂、准确判断形势、从容掌控全局呢?

学习没有捷径，但有方法。

万丈高楼平地起，一切从基础开始。在没有清楚、准确地理解区块链概念和技术原理之前，高谈阔论其理念、价值、策略、模型、趋势等都会显得空洞乏力、难以服人。

学习区块链原理最好从比特币入手，这是区块链技术的原始创新，是后续一系列技术改进的源头。清晰掌握比特币核心技术后，理解更多相关技术就相对容易了。

如今，全球普遍把区块链放到国家战略高度，我们如果忽视区块链可能会对实体组织与区域发展造成不良后果，甚至严重影响新一轮互联网与数字经济创新创业热潮。在新技术层出不穷的今天，因循守旧必然导致被动、落后、挨打，唯有不断学习、革新，拥抱新技术，让它为我们服务，才能在新时代有所作为。

2 区块链技术从何而来？

技术积累 前人研究成果

- 1976 年起，逐步发布的密码学（加密算法）研究成果和标准
- 1982 年，大卫·乔姆提出不可追踪的加密网络支付系统和 eCash 概念
- 1991 年，斯图尔特·哈伯等提出用时间戳链式结构实现数据可追溯和不可篡改
- 1997 年，亚当·拜克发明了哈希现金算法
- 1998 年，戴伟首次提出一种匿名的分布式电子加密货币系统 B-money
- 2004 年，哈尔·芬尼改进可重复使用的工作量证明算法 RPoW
- 2005 年，尼克·萨博提出比特金 BitGold 可通过解决数学难题并用加密算法验证结果

比特币系统诞生 厚积薄发

- 2008 年 10 月 31 日，**中本聪**（Satoshi Nakamoto）发表文章《比特币：一种对等式电子现金系统》（*Bitcoin: A Peer-to-Peer Electronic Cash System*）
- 2008 年 8 月 18 日，中本聪匿名注册 bitcoin.org 域名
- 2008 年 11 月 9 日，中本聪注册了 Bitcoin 开发项目
- 2009 年 1 月 3 日，中本聪开发的**比特币系统**上线运行，标志着比特币正式诞生，并产生了“创世区块”

至今未暴露真实身份

- 2009 年 1 月 9 日，中本聪发布了开源 0.1 版比特币系统客户端软件
- 2009 年 1 月 12 日，中本聪给其伙伴哈尔·芬尼转账 10 比特币，产生第一笔比特币交易
- 2009 年 10 月 5 日，有记录的最早比特币汇率为 1 美元 =1 309.03 比特币
- 2010 年 5 月 22 日，程序员拉兹勒·汉耶兹用 1 万比特币购买了两个披萨，被认为是有记载最早的成功将比特币当钱花出去的“交易”，每年 5 月 22 日因此被命名为“比特币披萨日”

后比特币时代 区块链——

- 不可考时间和人，总结并提出**区块链**（BlockChain）技术
- 区块链技术逐步进入人们视野，人们逐步认识到区块链技术价值，基于区块链技术的各种公链和应用不断涌现……

从区块链技术发展简史可以看到，时间线可以大致划分为三个阶段：

前比特币时代，计算机技术、密码学技术发展到一定程度，许多技术极客跃跃欲试，试图解决加密货币难题，然而，不幸都未能付诸实现，直到一个化名为中本聪的极客出现。

中本聪开启了**比特币时代**，他的出现可谓“天时地利人和”，前人研究成果的积累到相当高度，计算机和网络等各方面技术条件齐备，加上中本聪的创新力和执行力，促使比特币系统横空出世。

了解比特币系统原理后可以发现，其采用的各项技术几乎都是“现成”的，比如密码学算法、数字签名原理、工作量证明等，但并不妨碍比特币系统具备开创性、颠覆性的集成式创新。

至今世人仍然不知道中本聪究竟是何许人也。中本聪在推出比特币系统后，选择隐身“江湖”。我们不妨尊重他（或她）的意愿。我们爱吃蛋就行了，何必非要找到下这颗蛋的母鸡？

后比特币时代，人们从比特币系统及其后续改进系统中总结、提炼出区块链技术，并不断完善、发展，由此迎来了一个继云计算、物联网、大数据、人工智能后的新时代。

3 什么是比特币系统？

『数』读比特币系统

1
一条单链（没有分叉）

2
每隔 2 周（2016 块）调整一次计算难度

7
每秒交易数 7TPS

10
每隔 10 分钟左右产生一个新块

50
每个新块产生 50 比特币（BTC）
每隔四年减半

60
交易确认约需 60 分钟
交易确认后方可使用资金

2100
比特币发行总量约 2100 万 BTC

2140
约 2140 年停止产生新比特币

20 000
历史峰值曾达每比特币 2 万美元
币值波动十分剧烈

1 000 000
比特币区块最大尺寸为 1 MB

100 000 000
1 BTC=1 亿聪 (Satoshi)
聪为比特币币值最小单位

∞
比特币区块链将无限延伸，永无终止

比特币系统的重要参数和构造可以从数据及其含义中反映出来。

有些数据非常关键。例如“一条单链”，字面上意思是没有分叉，却决定了比特币的工作量证明、共识机制及其执行结果，就是说当链条出现分叉后，必须通过共识来决定“砍掉”其中一个分支，以免系统分裂为两个甚至多个“阵营”。

有些数据则没有什么来由，就是设计者一拍脑袋定的。比如每个新区块发行 50BTC，再比如 1BTC 为 1 亿聪。换一个人可能就设为 500 和 1 000 了。

有些数据是系统运行的结果。7TPS 就是比特币系统能够处理交易的性能，是全网结点联动、系统动态运行所自然形成的，并非系统“设定”。

有些数据甚至并不属于比特币系统，如“币值”。比特币并不“待见”现有货币（而是要“革新”），更不用说要用现有货币来衡量其价值了。“币值”是炒币的人强加给比特币的，中本聪一定对比特币沦落至此十分失望。

有些数据背后的含义目前可能难以理解透彻，可以等掌握比特币技术原理后再来回顾。

4 什么是区块?

【例】互联网核心协议的IP报文就是这样一种数据块——

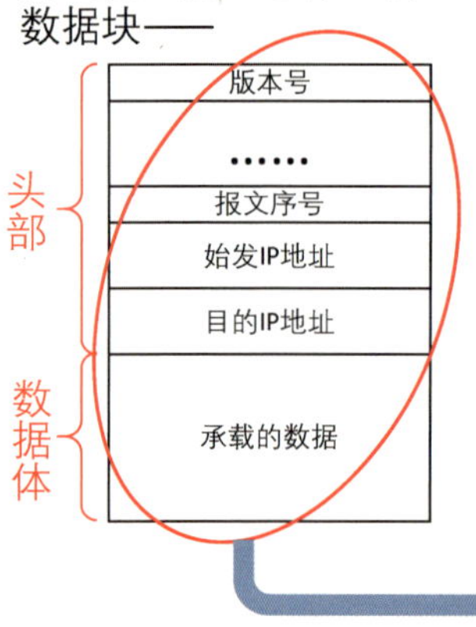

在计算机、路由器中处理，在网络通信信道上传输

区块 Block

区块就是计算机存储和处理的数据块，通常由一些事先定义好的“字段”构成，分别表示名称、编号、时间等不同信息

比特币系统的区块↓

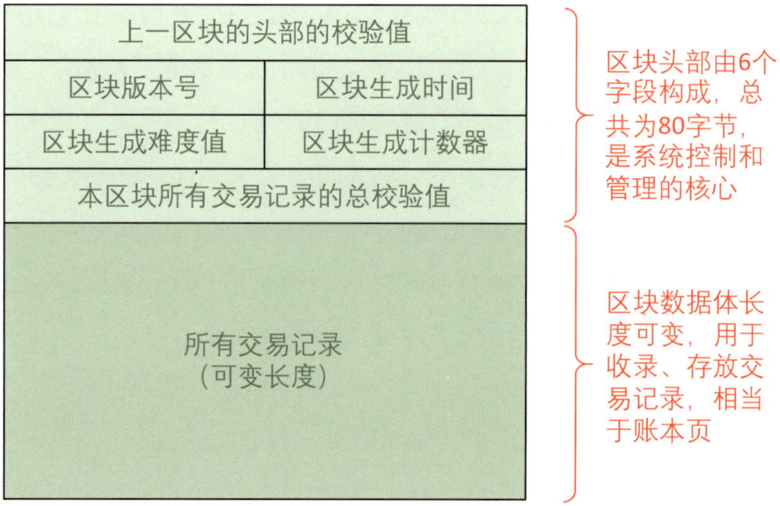

区块链中的区块相当于生物体的“细胞”，是生命系统构成的基本单元。

区块实际上就是数据块，用于计算机中数据的存储和处理，以及用于在网络上进行传输。区块是结构化的，规定了各个“字段”的含义、类型、长度。一般由区块头部、区块数据体两部分构成。头部用以管理和控制，类似“信封”或“车头”；数据体则用以保存记录信息，类似“信笺”或“车厢”。

所以，区块的数据体才是区块存在的意义。区块链的区块保存了交付给区块链的所有数据，一个个区块就是一个个数据容器，装载了交易记录、信息内容、数据指纹等。

而区块链的技术实现关键点在于区块头部。不论是链式关系、时间戳，还是生成新区块所需的信息，都是在区块头部做文章。

当我们说一个区块链系统运行起来时，意思就是我们正在获得不断增长、越来越多的区块。

5 什么是链?

其他各种“链”——

- 软件：地址链
- 生活：社交链
- 生产：供应链
- 金融：资金链

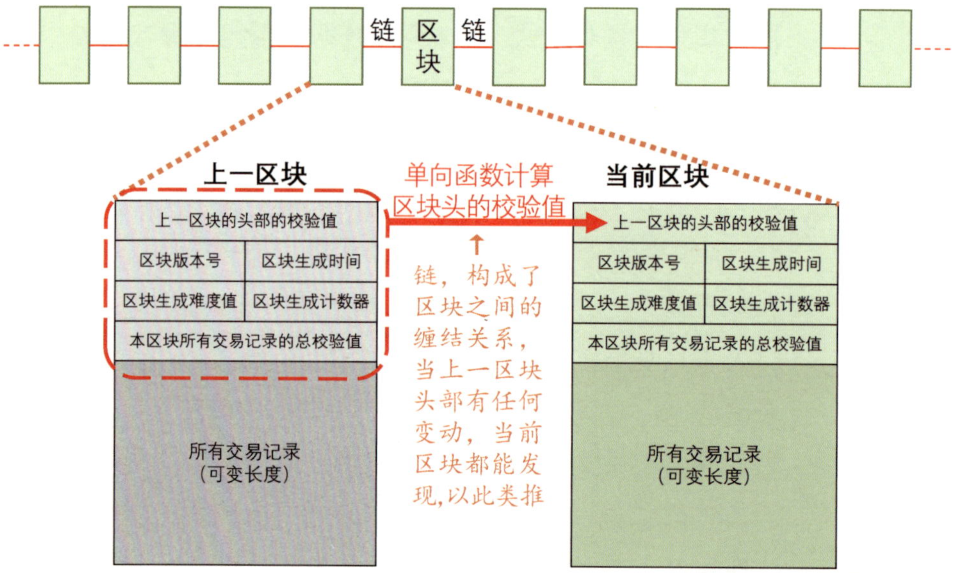

【基础知识】单向函数（哈希函数，Hash）

单向函数是一种密码学技术，可以将原始数据计算生成一串固定长度的数值，而反向无法还原，所以具有单向性。同时生成的数值可以唯一性表征原始数据，当原始数据发生任何变化，通过该数值可以校验出来，好比是原始数据的“数字指纹”。因此，可以把单向函数理解为校验码，用以检验数据篡改或伪造。

单向函数加密有国际和国家标准，如 MD5、SHA、SM3，比特币系统采用的是 SHA-256 标准的算法。

区块链中的链其实并不存在。但是，链却是区块链最精彩也最重要的技术机制。

链可以是指代目标的数据，如计算机数据存储的地址、互联网网址，也可以是某种关联关系的表达，如现实生活中的亲属、商务活动中的供需上下游。区块链中的链是指后者。

我们不必过多理会区块链采用了密码学哪种哈希算法，或是通信工程的哪种编码方法，区块之间的链无非就是一种验证关联关系，用需要保护的信息生成一个“校验码”而已。区块链的聪明之举是把校验码保存在下一个区块上，以此类推。这样当有人试图修改一个区块时，别人就可通过下一个区块的校验码发现；如果这个人连同下一个区块中的校验码一并修改，还有再下一个区块的校验码可以发现。这就意味着修改（篡改）会牵一发而动全身，于是成了难以完成的任务。

除了区块之间的链，还有区块数据体中所有记录与区块头部的链、交易之间表示来源和验证的链。可以说链在区块链中无处不在。假如区块是“细胞”，那么链将细胞相互间紧紧结合起来，从而形成一个有机整体。

除了上述的链式关系，区块链的链也有区块间相互链接形成“链条”的形象化含义。

6 如何产生比特币新区块（挖矿）？

开矿|采金

◐为什么把生成新区块称为“挖矿”？

▷▷▷类比开采矿产需要付出大量劳动，得之不易，而每个新区块“携带”新币，就像花费很多代价后挖到了金子，因此把“寻找”新区块的过程形象地称为挖矿

◐为什么要进行“挖矿”？

▷▷▷生成新区块意味着获得新币，有利可图，吸引了大量“数字矿工”竞相挖矿。那么，如何验证新区块？如何衡量谁最快？就需要公平竞争，比拼算力

比如：反复掷骰子，比赛谁先掷出1

数字发掘

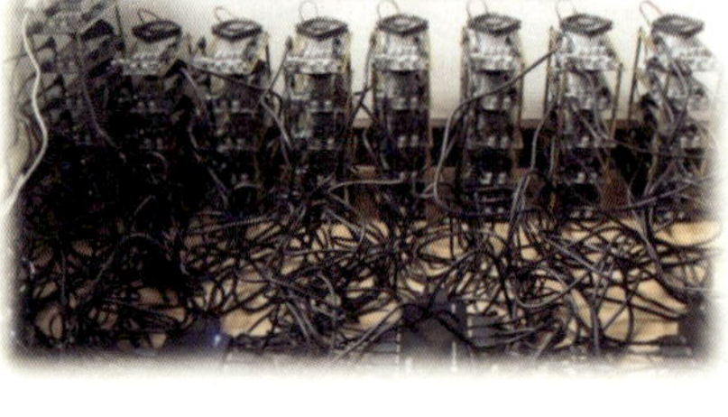

◐怎么样比拼算力？

▷▷▷比拼算力就是“工作量证明”(PoW)。计算机的工作量是以计算机最擅长的计算能力来体现，于是系统设计一种算法，让每名矿工的计算机分别“找答案”，并且只能靠穷举各种可能性来反复尝试，尝试更快（算力强)者先找到答案的概率更高

◐比特币系统如何挖矿？

▷▷▷矿工准备好新区块后，用单向函数计算区块头的校验值，看是否小于当前的“目标值”（全网统一），若成立，则成功找到了新区块，否则调整区块头中的“区块生成计数器”，再次计算校验值，不断循环尝试

一些“矿场”利用挖矿算法的“漏洞”，集中了大量处理器进行“并行计算”，极大地增强了算力，垄断了挖矿，事实上对区块链的共识机制以及可信度、公平性均造成很大损害

挖矿是一种通俗说法，并非区块链技术术语，但确实很生动地描述了新区块的生成——需要像矿工一样付出大量劳动，发现了新区块就像挖出了金子——区块里的虚拟币像金子一样有“价值”。

当然计算机无法做“开采”，计算机只擅长做计算。区块链设计者就设计一种算法，让计算机进行尝试，一次不行就再算一次，可能需要计算数十亿次才有可能找到符合规定的区块。这种计算游戏称为工作量证明。性能强的计算机算得快，就越有可能比别人先一步找到，但因为有随机性，所以也非必然。

可以用“掷骰子”游戏打比方：每人都掷骰子，看谁先掷出 2 以下。眼明手快的人玩得利索，一眨眼就掷了好多把，可能比别人更快掷出 2 或 1，就能获胜；眼花手慢的人磨磨蹭蹭，在同样的取胜概率（⅓）下先胜概率就会低一些。但也不一定，架不住运气好，也能小概率获胜。

计算机算力增强符合“摩尔定律”，每两年翻一番。比特币系统为了维持平均 10 分钟出一块的节奏，定期调节“难度值”，类似骰子游戏中把“掷出 4 以下”改为“掷出 3 以下”，取胜概率就从 ⅔ 降低到 ½，相当于难度增加了，就可抵消算力的增强。

7 什么是共识机制?

● 为什么需要共识机制（Consensus）?

各个记账结点（矿工）具有“投票权”，可以验证新区块，并决定是否将新区块挂上链、赞成哪一个分叉等。但由于不存在“主控中心”，谁也无法决定最终结果，因此就需要共识机制以共同做决定

● 如何才能达成共识?

所谓达成共识就是参与方共同“投票表决”，以达成一致意见。一般的方法是对“候选区块”回复“赞成”或“反对”，票数多者获胜。然而同样由于无“计票中心”，难以用统计票数来决定

● 共识机制可靠吗?

俗话说“林子大了什么鸟都有”，很可能会存在作弊结点、作恶结点、自私结点、故障结点等。一种可靠的共识机制应当能够应对这些问题，只要“坏结点”不占大多数即可

比特币系统共识机制

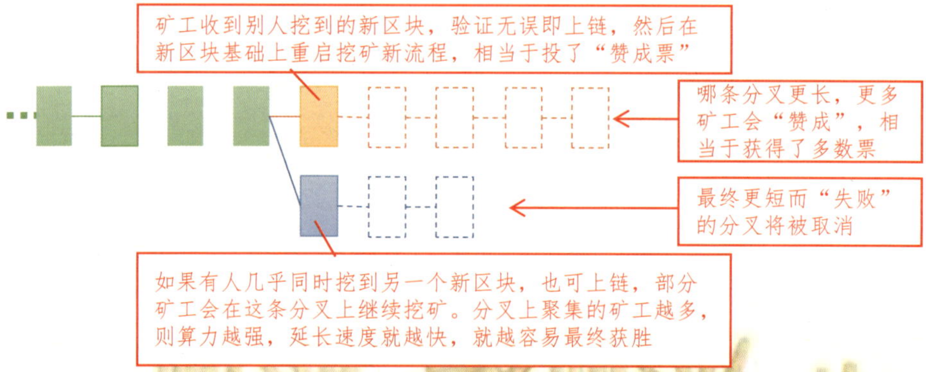

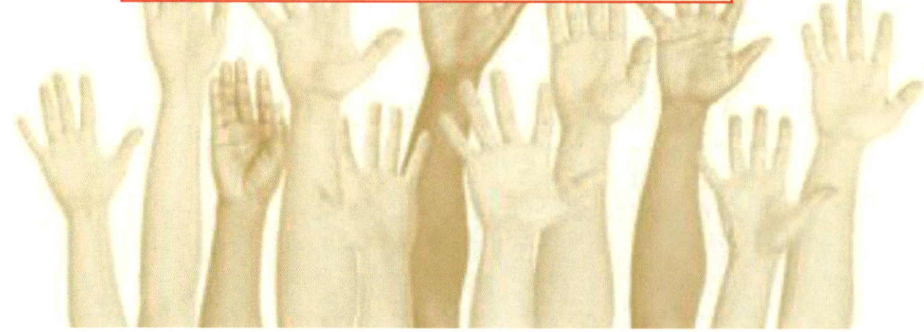

某个矿工挖矿找到了一个新区块，也许另一个（或多个）矿工也找到了，那么该认可谁的?

即使按照“先来后到”的原则，由于新区块在网络上的传播需要时间（即使时间很短），必然有一部分矿工认为这个区块为先，另一部分矿工认为那个区块更早，所以需要共同做出决定：选出唯一胜者。

这就是共识机制。区块链系统是基于对等网络的，各结点相互平等，因此必须通过某种投票表决机制，少数服从多数，最后“选出”获胜者。

比特币系统是采用算力来投票，就是1个CPU（一个结点）1票。通常做法是当场决胜负，但这需要发送投票报文、统计票数等，必须依赖中心结点，所以并不可行。比特币系统的策略很高明，进行工作量叠加，一段时间后，哪个区块获得的支持算力（矿工）多，后续的区块就会更多、链就会更长，就是获胜者。

所以比特币系统可以不发送任何“投票报文”（不费一枪一弹）就完成“选举”任务。副作用是更短的链上的工作量就被浪费了。但这是值得的，这些代价换来的是始终只有一条没有分叉的链条，所有工作量都很集中，所有结点都有一致的数据。换句话说，所有数据都获得了全网的共识，具有很强的可信度。

8 什么是结点？

结点（Node）

亦称为节点。

比特币系统中，结点就是互联网上每一台运行比特币软件的独立的计算机，可以是服务器、台式计算机（PC）、笔记本电脑，也可以是智能手机。

依据运行的软件不同，各结点可承担不同的职能和任务。

结点（或节点）是对一个系统中每一台计算机的统称，所以说结点相互协作组成了系统。

尤其是像区块链这类对等网络系统，每台计算机可以为台式机、笔记本电脑、用大量 GPU 板卡搭建的并行计算系统，也可以是机架式服务器、云平台虚拟机，甚至可以是智能手机，它们间可能有的也只是分工（功能模块）上的部分差异，没有主一从、控制一受控之分，而是平等的关系，更适合用“结点”一词来统一描述。

一台计算机，只要安装了一个区块链系统的软件，并开始联网运行，就成为该区块链系统的一个结点。

有一种常见的对区块链系统的误解是：区块链是结点链接在一起形成的。实际上每个结点都是运行区块链系统的计算机，独立负责构造新区块、验证区块和交易、转发信息、存储区块、查询或生成交易等，不断延长的区块链则存储在各个结点上。

9 什么是比特币网络?

互联网上全体比特币结点相互通信和协作构成比特币网络

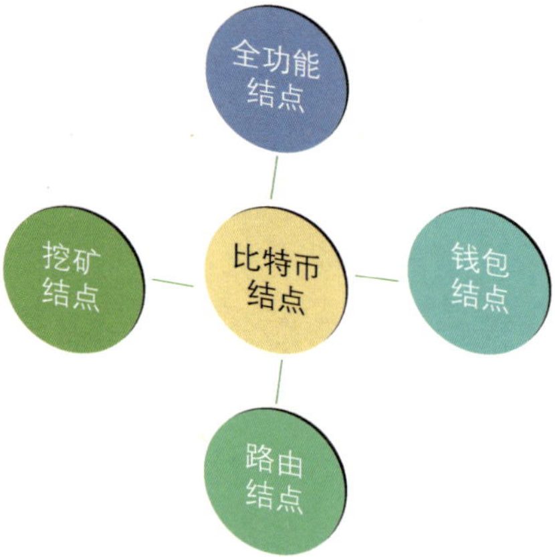

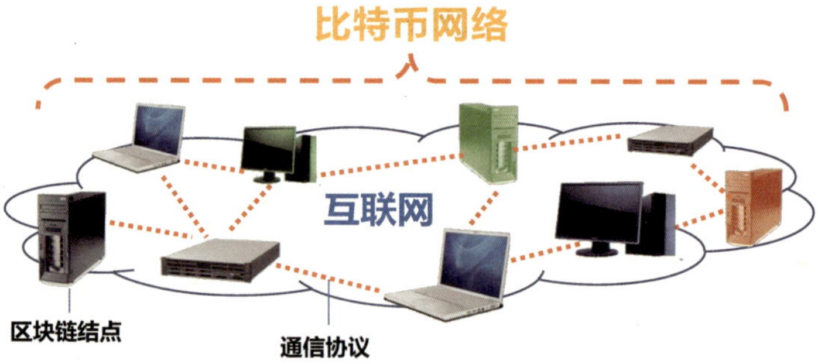

每个区块链结点上都保存完整的比特币区块链
属于一种全冗余存储方式
存储效率低，对结点的存储压力大
但是抗毁能力强，有利于抵抗篡改和造假

比特币网络就是由比特币结点对等互连所构成。其他区块链网络同样如此。网络中各结点相互通信、协同工作，形成一体化系统，实现交易、验证、共识、存证等各项功能。

比特币、区块链网络通常都基于互联网运行，每个结点都有公网 IP 地址，使结点既可以发起 TCP 连接，又可以接受 TCP 连接。

结点间通信方式采用定制的协议（protocol）。例如比特币协议主要用以完成邻居结点地址交换、新区块发布和转发、交易发布和转发、区块或区块头查询及获取等。

每个结点不需要直接连接区块链网络的其他所有结点。当网络规模大时，这几乎是不可能的，因为任何结点都可随时离线，也随时有新结点加入，结点无法稳定保持、维护与所有结点的通信关系。所以区块链结点一般只维持与几个“邻居”结点的通信关系。假如要把信息（比如新区块）“广播”给全网所有结点，也只需要把信息通过协议发送给邻居结点，而邻居结点会通过协议把该信息转发给他的邻居结点，这样经过多层转发，很快这个信息就遍布全网了。

10 如何理解 P2P 网络?

对等网络 Peer-to-Peer Network 简称 P2P 网络

P2P 网络没有中心结点，各个结点相互平等、相互间直接通信，通过协议操作来协调运行，共同完成既定任务

Ad-hoc 网络；互联网路由协议；以太网共享网络；P2P 文件下载；物联网 WSN；比特币网络

VS

集中式网络有中心结点，负责全局调度、控制和管理，其他结点为从结点，相互间的信息交换往往需要通过中心结点

Web 网站；Email 系统；OA 系统；电子银行；互联网 DNS；电话网；网管系统；政府办事审批平台

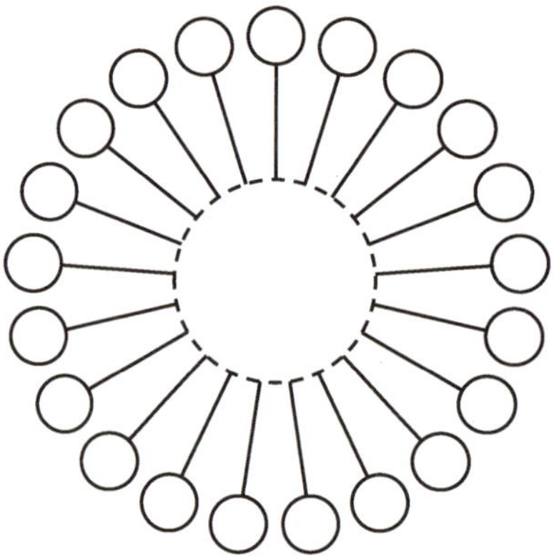

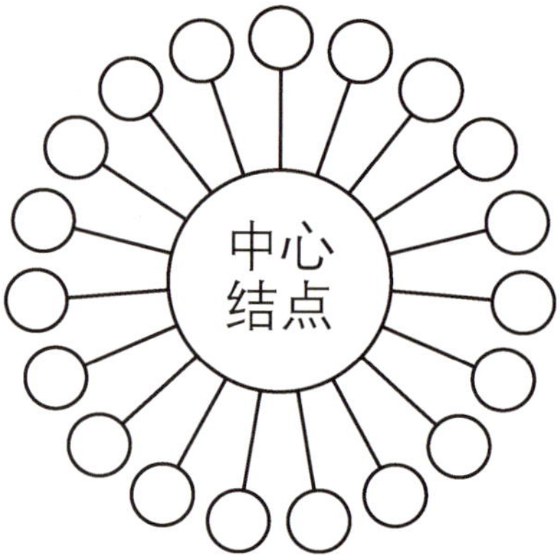

因此区块链 P2P 网络往往被称为“去中心化”(De-centralization)
其实，无中心、多中心、弱中心都是可行方案
关键是避免将全部职能、负荷都集中在中心结点上
因为若非如此，一旦中心结点受破坏、遭攻击或超负荷，必然造成系统瘫痪
而 P2P 网络将控制分散到各个结点或多个结点
不仅抗打击能力强，而且可信度也更高

各有千秋，适合不同应用
并无孰优孰劣之分

我们知道，互联网（Internet）就是一种对等式架构，换句话说，互联网不存在交换、控制中心。因为互联网的设计初衷是军用通信、指挥系统，如果存在明显的中心，那么一旦中心遭受打击而沦陷，则全网瘫痪；而对等式系统则不用担心任何结点受损，网络会自动诊断、发现并自愈。

以太网和无线以太网（WiFi）的共享网络通信机制、自组织网（Ad-hoc）、P2P 文件下载系统等都属于此列。

因此，将区块链系统称为“去中心化”其实并不恰当。首先，“去中心”很容易被理解为“取消业务中心”，实际上只是在技术实现机制上不依赖单一结点，并非在业务或管理层面；其次，对等网络系统中原来由“业务中心”所集中承担的任务被分解、分摊而分散到各个结点上了，以至于整个网络成了“中心”。

是否采用 P2P 网络架构应根据应用的需要来确定，对许多业务流程高度集中、性能要求非常苛刻的系统而言，还是采用集中式架构更有优势。

11 什么是交易？

交易 Transaction（简称 Tx）

交易执行规则

①解锁代码对应锁定代码经验证通过

②支付来源的资金总和全部在本次交易支付

③每次交易的输入总额等于输出总额

注：输出给自己就是找零；若输入总额大于输出总额，则差额部分就是留给矿工的记账费

每一笔交易都必须链接到上一笔交易的UTXO，以此类推，每一笔交易可一直回溯到发币交易

区块链“交易记录”不一定面向资金转移，可以单纯为信息记录，仅用以存放信息

交易是比特币系统的唯一目的。交易实现了比特币的发行和转账，是系统所提供的所有功能。系统设计的精巧的数据结构、链接关系、工作量证明和共识机制等，用以支撑交易的可靠、可信、可追溯；系统采用的公钥地址方式用以保护交易参与方的隐私；系统提供的可执行脚本、数字签名方法用以分布式、自动化验证交易的合规性。

交易不是孤立存在的。每个交易输入实际是在“引用”前一笔交易的输出，有支付必有收入（运用复式记账法“有借必有贷”理念），正向形成清晰的资金流，逆向可厘清资金来源，每笔合规交易最终一定能回溯到发币交易。前后交易间构成的这种紧密验证关系也可看作是另一种“链”。

但交易记录不一定仅用以操作资金，还可用以保存各种信息，延伸出“超级账本”的概念。而且，保存的信息之间也可以形成呈递关系，构成信息链，其中输入输出的锁定、解锁机制发展出了“智能合约”的概念。

此外，值得注意的是，比特币系统没有“账户”和链下“钱包”，所有的资金状况都是通过链上交易记录反映出来，资金不能脱链操作，因为只有链上信息才能受到系统所采用的各种技术的保护，链下信息或资金的可信度与区块链系统无关。

12 未来是否会没有矿工愿意挖矿了？

矿工是新区块构造者，没有新区块就无法完成交易记账，导致交易无法被确认，交易活动就无法持续

比特币的最小记账单位是聪，按四年周期减半发行新币，约2140年即降为0，没有发币奖励，矿工会失去挖矿动力

但是不用担心，每一笔交易可留出一定交易费，新区块收录的所有交易的交易费将全部归挖矿成功的矿工所有

比特币系统设定了每隔四年发币量减半的策略，防止虚拟币超发、滥发。而比特币最小记账单位是聪（Satoshi，为一亿分之一比特币），在交易中以正整数表示，所以终有一日挖矿奖励减为零。此时比特币总量不再增加，达到约 2 100 万 BTC 最大值。

假如失去挖矿的新币奖励，“逐利”的矿工就没有挖矿的动力，就没有人愿意当矿工了，后果是没有结点进行交易验证、区块生成，无法运行共识机制进行记账，那么系统就会彻底停摆。

为此，比特币系统设计了一种方法，当交易的输入总额高于输出总额时，差额就是留给矿工的“交易费”，相当于银行信用卡的刷卡服务费。因此，挖到新区块的矿工不仅可以获得系统给予的新币奖励，其实还有来自每笔交易的“交易费”（可以有，也可以没有）。未来矿工的收入会越来越依赖交易费。

有些交易为了能尽快上链确认，会留出一定的交易费，因为矿工显而易见会优先收录有交易费的交易记录。但谁也无法预料，当交易数量很多造成记账资源紧张（区块容量有限）时，交易费会不会你追我涨造成局面失控？会不会演变为对矿工的贿赂？

13 为什么比特币是匿名的？

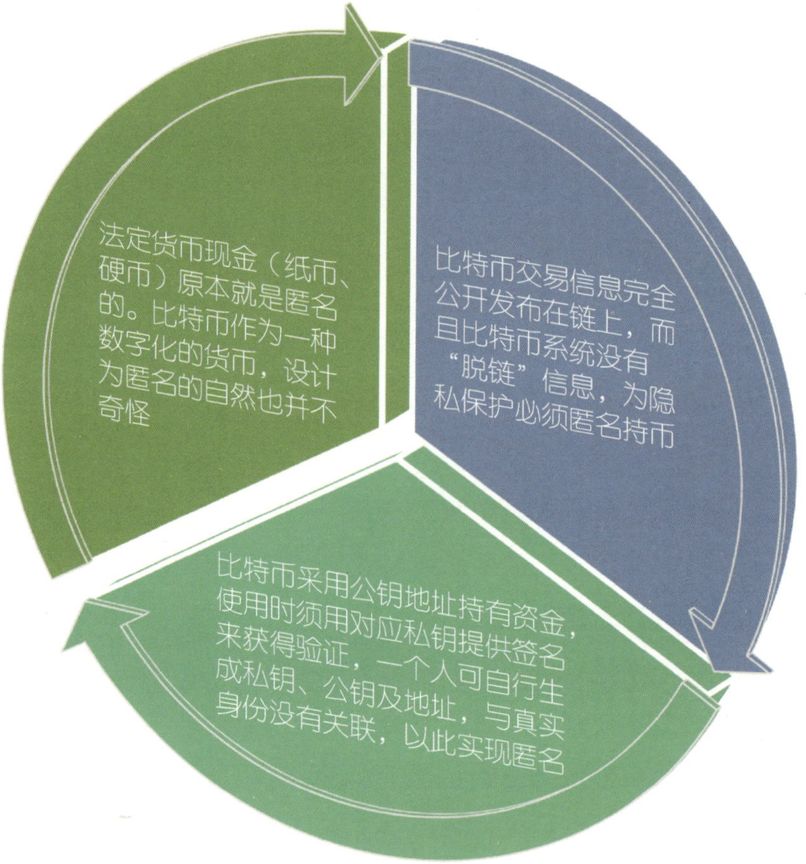

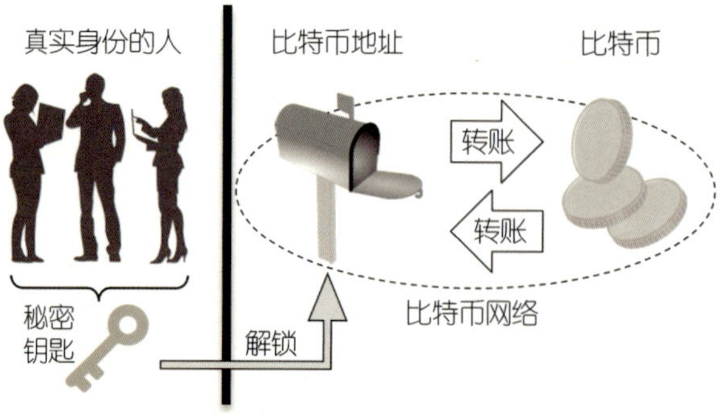

匿名操作
隐私保护

因为货币是匿名的，作为电子现金的比特币等匿名持币其实很自然。

法定货币现金（纸币、硬币）在流通时保持匿名性是必要的，在大多数日常消费场景下，个人身份等隐私信息没有必要随支付行为而泄露。即使在电子支付流行的当下，虽然支付账号是实名的，但是在二维码支付等消费场合，商家并不能获知消费者的真实身份，可以理解为“前端匿名，后台实名”模式。

比特币等虚拟货币一般采用密码学技术来实现匿名持币、确权验证。具体采用一种公钥加密算法，先生成一个私有密钥（私钥），由持有者秘密保存，再生成一个与私钥匹配的公开密钥（公钥），进一步用公钥经单向函数生成一个“地址”，其实就是一串数字，用以“领用”资金。需要使用资金时，用私钥产生一个专属的数字签名信息，所有结点可以验证其是否与“地址”相配，而其他人不拥有那个私钥，提供不出签名信息，就只能眼睁睁看着钱而无法动用。

有时我们说虚拟币的匿名性，言下之意是其难以追踪，导致难以监管。但是对照法定货币同样具备的匿名性质，除了因数字化而使用更方便之外，虚拟币似乎并没有走得更远。任何事物都有正反两面性，对虚拟币也应保持客观的认识。

14 如何理解比特币不可追踪却可追溯？

不可追踪

比特币不可追踪是针对持币者身份而言。由于采用了匿名机制，而且一个人可以使用任意多个公钥地址，可分散资金同时更好地隐匿身份，因此很难（但并非完全不可能）追踪资金流向。

不可追踪性产生监管困难副作用

可追溯性是区块链重要特性之一

比特币可追溯是指交易等信息可以溯源。信息的呈递关系清晰可辨，直达源头，不易无中生有伪造信息；关联信息之间相互缠结，可交叉验证，而且进行区块工作量叠加，难以篡改信息。

可追溯

许多人很容易搞混“追踪”和“追溯”两个概念，它们经常在区块链领域被提及。

我们已经了解，信息或资金可追溯是区块链具有的重要的、优秀的特征，使信息之间产生有价值的关联，并保障信息来源清晰、有据可查。

追踪则是对信息或资金的持有人及其行为而言，就是试图揭露是谁做的交易——谁是付款人、谁是收款人，或记录的信息是属于谁的。

追踪本身就具有两面性。恶意的追踪不仅会侵犯他人隐私，而且可能造成严重危害；监管所需的追踪则用以发现违法犯罪活动，保障体系的健康。

虽然比特币等系统设计了信息或资金不可追踪的机制，使用者也可以采用多地址分散资金、合并交易混淆信息等手段来避免被追踪，但是并非万无一失，结合线下行为信息、交易关联关系等“蛛丝马迹”，完全有可能通过分析锁定对象。所以，倘若妄图用虚拟币进行黑市买卖、敲诈勒索、偷税洗钱，以为可以逃脱追踪、逃避监管，那么请记住先人的谆谆教诲：若要人不知，除非己莫为。

15 什么是比特币系统本质？

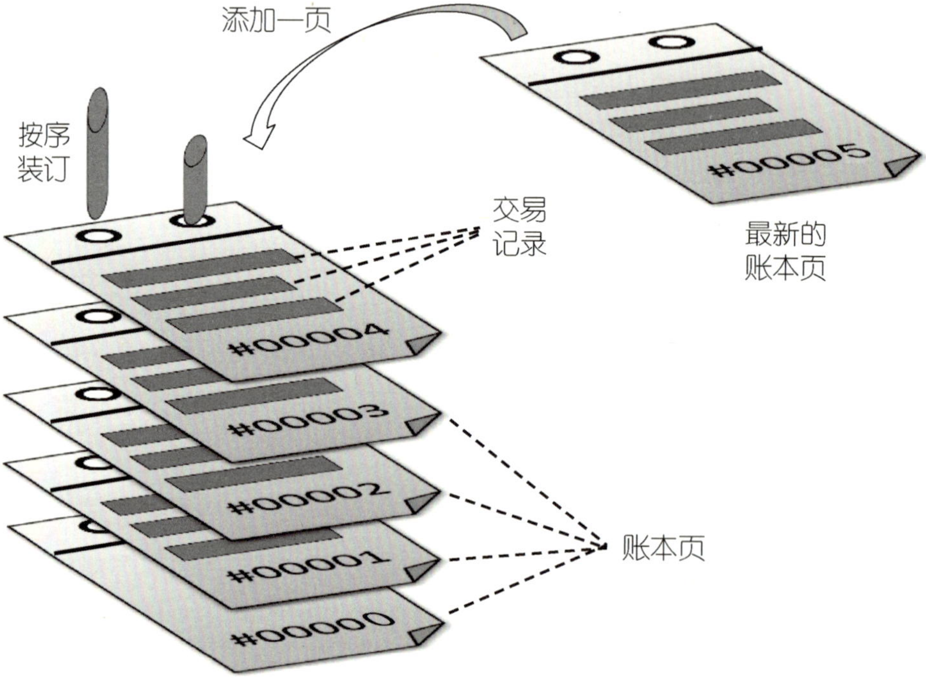

比特币系统本质上是一本可信的账本

所有矿工负责记账（记录交易）；所有结点保存全本账本。
每个区块相当于一张账本页；链接关系相当于账本钉。
每一页上的交易记录都是唯一的、每一页都是完整的。
从初始（创世）页开始，账簿页不断添加新页。
无法篡改交易记录、无法打乱页面次序、
无法删除任意一页、无法插入任意一页。

什么是比特币系统最重要的特征？什么是比特币系统最主要的功能？——面对比特币、区块链，我们经常会思考这两个问题。

如果要用最简单直白的话来回答，就是比特币系统本质是一本“可信的账本”。

假如一个会计拥有的账本既不可能被篡改或伪造，又是全网所有会计都有一模一样的副本，那么这个账本不管记了什么都十分可信。

因此，比特币系统的最大贡献是提供了这样一本可信账本，得到人们的广泛信任。多年的全球性的实际运行证明，账本的可信度是牢不可破的。交易双方不必相互信任，共同信任这本账本即可。有了这个扎实的根基，各方就可以进行交易，也可用来实现存证，为许多行业应用带来了巨大的想象空间。

16 比特币系统有何优势和弱点?

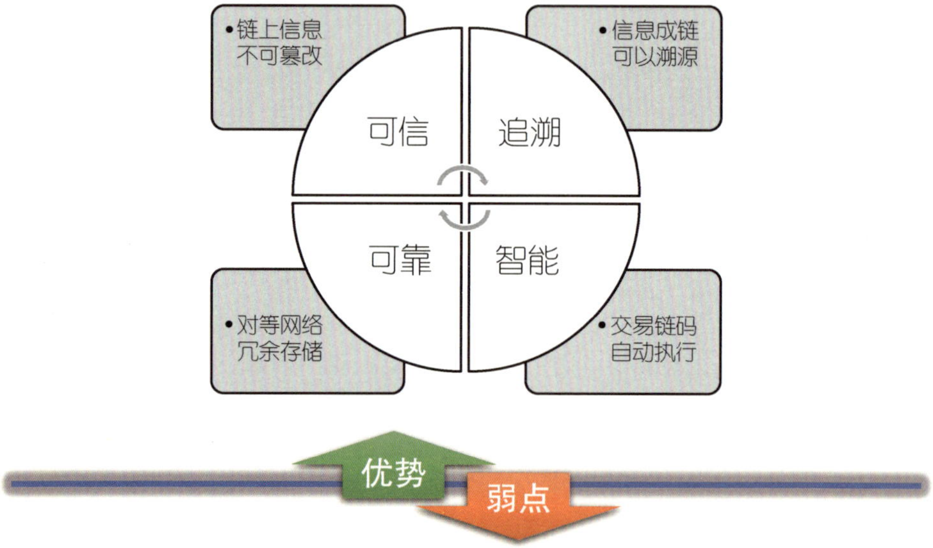

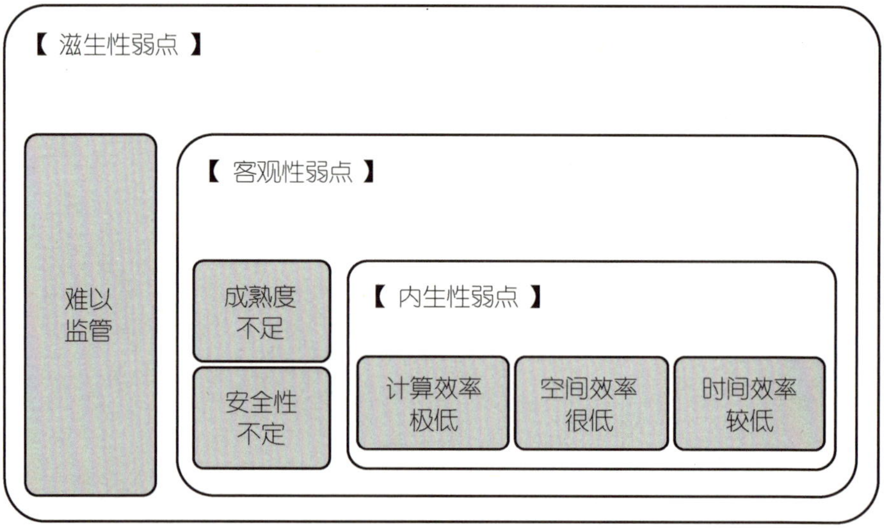

区块链技术的共性特征可以归纳为四个方面：可信、可靠、可追溯、可执行（智能性）。

但从比特币系统开始，区块链技术也存在与生俱来的一些弱点。比特币系统采用的工作量证明方法“故意”降低计算效率，资源浪费极大；全冗余存储方式使存储效率十分低下；共识机制拖慢了交易吞吐量，时间效率很低。同时，各种发展出来的区块链技术是否完善，是否安全，是否能抵抗攻击，很难进行验证，还存在难以监管的问题。

分析和掌握区块链技术的薄弱之处，并非意图否定这项技术，目的是善用技术。

一方面，运用区块链技术时应扬长避短，充分发挥优势功能支撑应用需求，而不宜把区块链技术用在其力所不能及的场景下，或把应用削足适履。

另一方面，发展区块链技术时可以更有针对性，优先研发既保持特点和优点、又能够弥补缺陷或不足的创新技术，或根据应用的需求有目的地改进区块链相关方面的技术，使之满足高性能、新功能要求。

17 如何理解区块链与信任的关系？

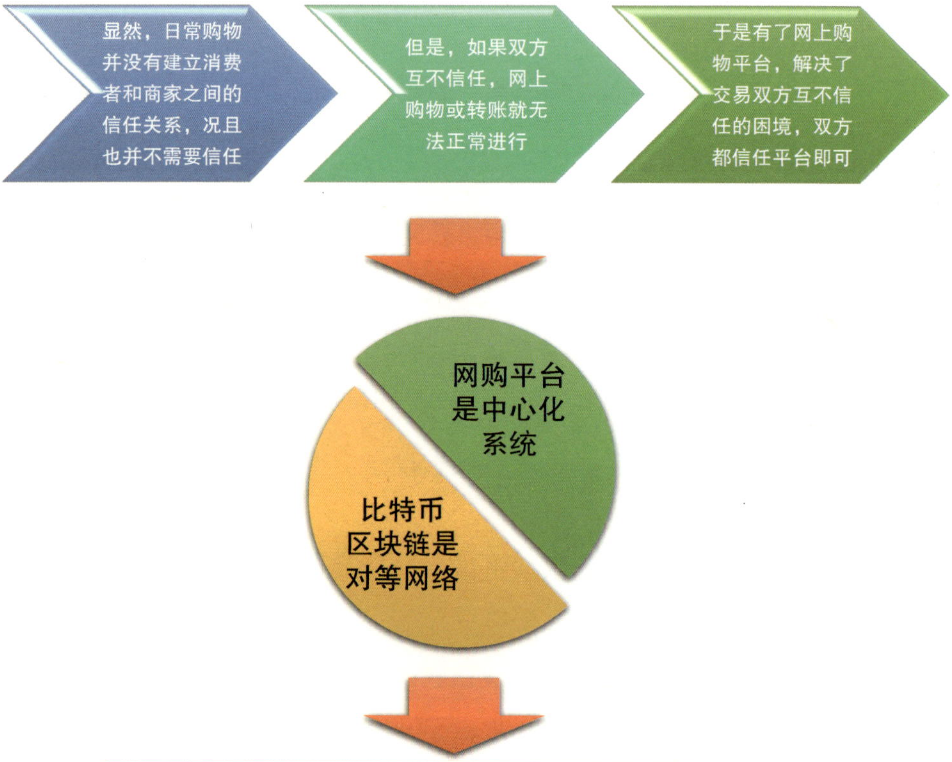

互不信任的交易双方信任比特币区块链系统
因为其可信，双方可完成交易
但仍然相互不信任
差别是交易双方都是区块链系统的一份子
不需要购物平台这样的第三方

事实上，区块链上各方越不相互信任，越不容易串通作恶，区块链反而越安全可信信任与区块链如影相随。交易需要信任；区块链存证数据可以被信任；人们信任区块链系统。

但区块链构建了人与人的信任关系了吗？显然没有。

其实要区分信任（trust）与可信（trustable）之间的差别。由于双方不存在信任关系，使得网上交易存在很大障碍，买方怕对方“卷款潜逃”，卖方怕对方“吃霸王餐”，网上交易就无法进行下去。现有的解决方案是中心化的网购平台（包括第三方支付系统），交易双方均信任平台及其制定的交易流程，打消了人们的顾虑，所以网上交易得以顺利开展。但即使交易达成了，双方也没有建立所谓的信任关系。

因此，交易需要信任，但交易并不传递信任。而且，交易也不需要双方间的信任关系。如果交易都要建立在互信之上，如何能生意遍天下？

在区块链系统里，结点间的信任关系（联系过分紧密）反而是有害的。例如在比特币系统中，假如某些结点相互“信任”而串通一气，其算力有可能左右共识机制，就会让造假、作恶有可乘之机。

所以，区块链系统实际上是有别于中心化网购平台的另一种网上交易解决方案。只要认可区块链系统的可信度，不论相互信任与否，双方都可交易。

第二讲

顺藤摸瓜，准确把握区块链本质

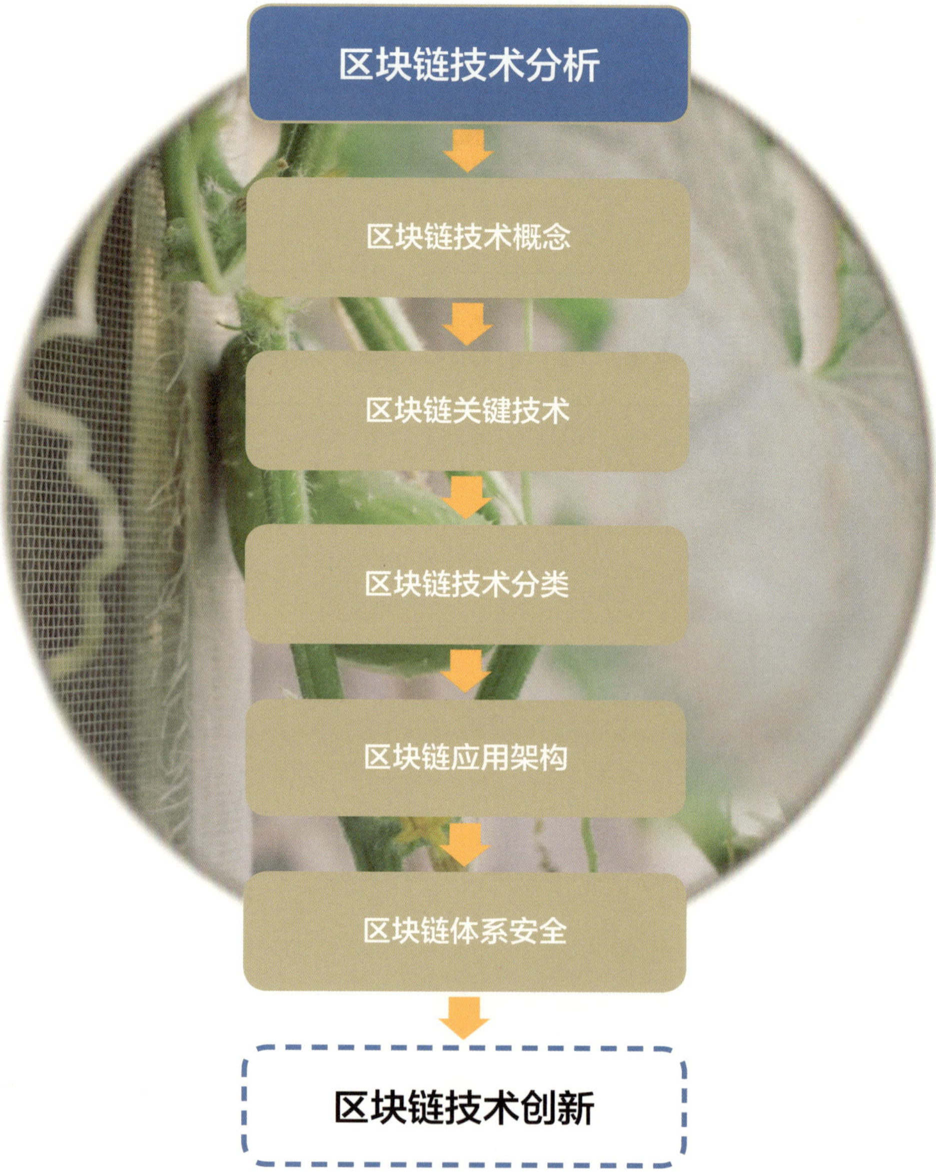
区块链技术分析
区块链技术概念
区块链关键技术
区块链技术分类
区块链应用架构
区块链体系安全
区块链技术创新

概述

比特币、区块链技术是计算机极客采用密码学算法构建的，理解上难免存在困难之处，但在基本掌握其技术原理的基础上，可以暂时抛开过于琐碎的技术细节，重点把握区块链关键技术和本质，更有利于将区块链技术与实际应用对接。

18 什么是区块链技术？

区块链 BlockChain

区块链是一种由全网经协商一致认定、共同保存的数据结构，数据区块之间、区块内信息记录之间运用校验机制实现锁定，形成链接关系，使链上数据难以被篡改和伪造

区块链中的“链”看不见但无处不在
构成错综复杂的缠结关系

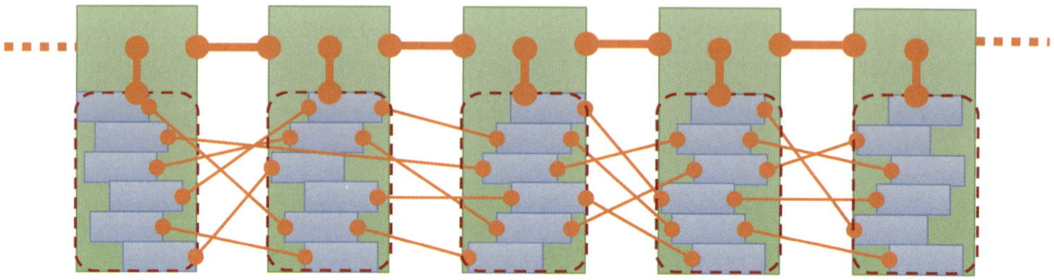

对区块链可以有不同的形式化定义
记不住也没有关系
关键是理解其构成要素
以及关键技术

区块链这个术语何时由何人提出已很难考证，不论如何，其简洁、精确地归纳了来源于比特币系统的核心技术，而且这一技术正在被人们发扬光大。区块（block）和链（chain）正是不同区块链系统共同具备的两个关键要素，它们结合在一起形成了一种了不起的技术。

区块是区块链系统所拥有的所有数据，也是系统所有操作的处理对象。多年以后，区块链系统身后留下的就是一堆区块。

区块只是人为定义的结构化数据块，技术要害是“隐藏”在区块中的链式关系。相邻区块之间、交易与区块头之间的校验链，交易之间的锁定和解锁验证链，构成多维的、有序的、严谨的“链网”，使任意数据的任何改变都会牵一发而动全身，从而保障了数据不可篡改、不可伪造。

关于区块链的形式化定义可以有多种，其实也并不那么重要，重要的是在把握链式关系的前提下，掌握对等网络、共识机制、数字签名、存证模式、智能合约等关键技术。

19 什么是区块链关键技术？

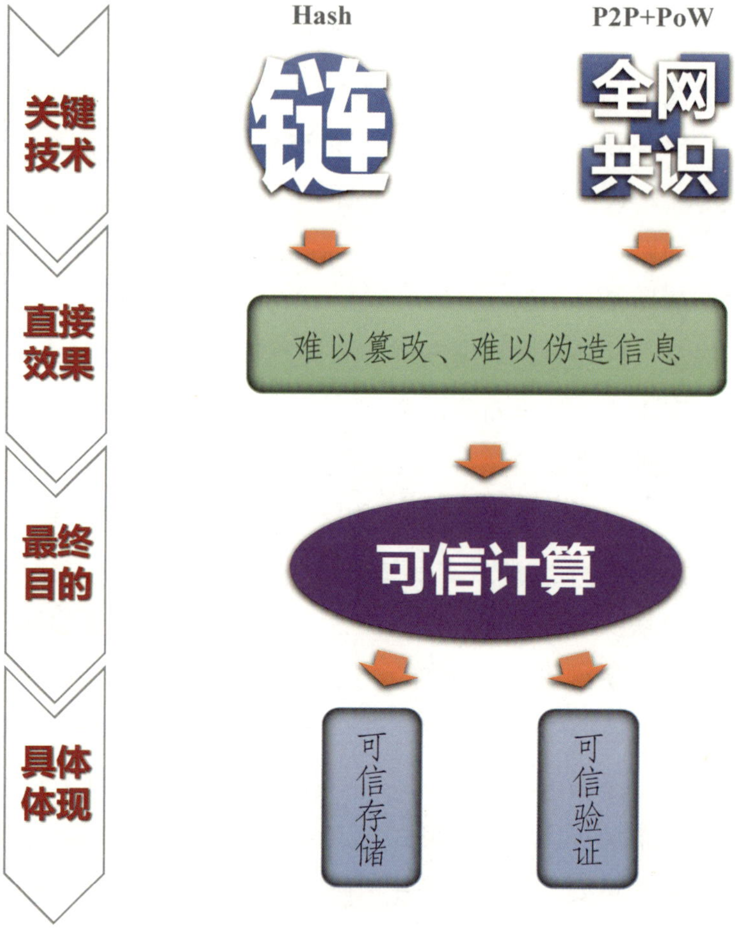

区块链是一种可信计算技术，实现可信的存证、可信的交易。为了在对等网络基础上构建可信计算体系，就需要区块链的一些关键技术进行支撑。如果要在众多的重要技术中选择最为基本的两项，那就非“链”和“共识机制”莫属。

首先是链。对链的准确理解是数据间的相互关系。链的具体实现技术主要是单向函数，生成数据的“校验码”，并且把校验码存放到另一区块或另一部分，链接关系由此形成；另一种链的实现技术是数据锁定和解锁，构成呈递验证关系。

其次是共识机制。工作量证明方法服务于共识机制，使结点的“工作成果”来之不易且可衡量、可验证，又使全网达成一致的数据集，同时巧妙地形成区块之间的链。区块链协议也是服务于共识机制的，用于结点间传递区块等信息。

链和共识机制合力防范数据的篡改或伪造，成为可信计算的两个支点。在此基础上，数据就可以可信存储，可以采用代码方式自动执行，智能化、排除人为因素干扰，进行可信验证。

20 区块链各项技术存在什么内在联系？

区块链技术多重“金字塔”

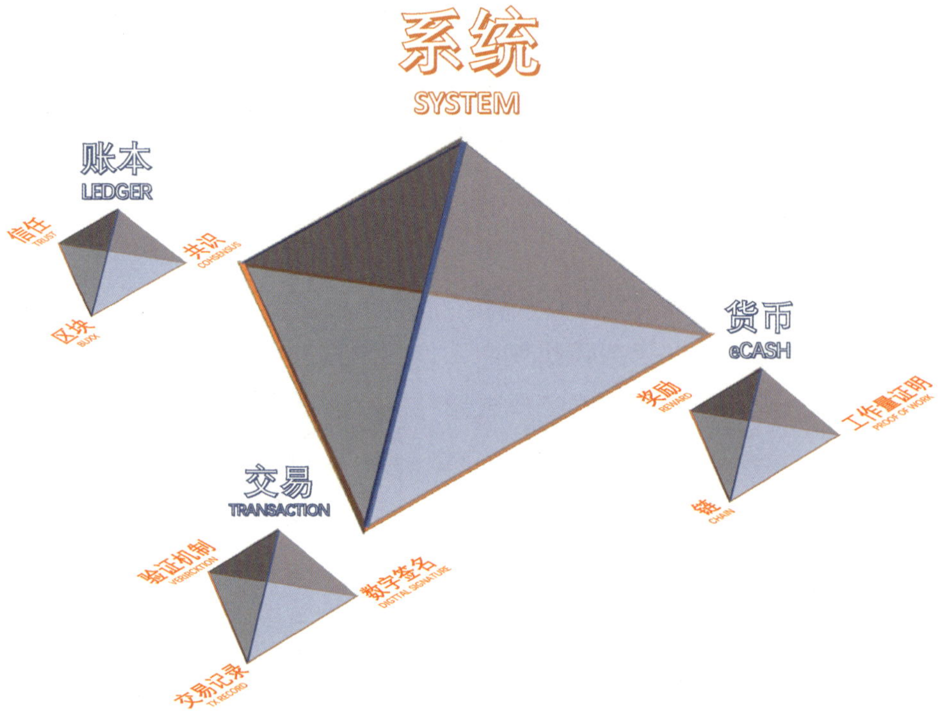

系统化认识区块链

虽然技术需要解剖分析、各个击破，但应厘清各个技术之间的内在联系，系统化认识区块链。

以比特币系统为例，可以用两重“金字塔”来描述技术及功能的关系：

● 区块和对新区块的共识机制构建了信任体系，作为小金字塔底座，目的是支撑建立可信账本。

● 链和生成链的工作量证明成为奖励成功记账者的依据，作为另一座小金字塔底座，可生成新的、被认可的货币。

● 交易记录和交易带有的数字签名信息实现了验证机制，作为第三座小金字塔底座，使可靠的交易可以成立。

这样，货币可发行，发行的货币可以开展交易，交易有账本进行记录，记账者获得货币（包括新币和交易费）奖励，循环往复、绵延不绝、自成体系，作为大金字塔底座，共同构成一个完整的系统。

21 区块链有哪些重要的技术特性？

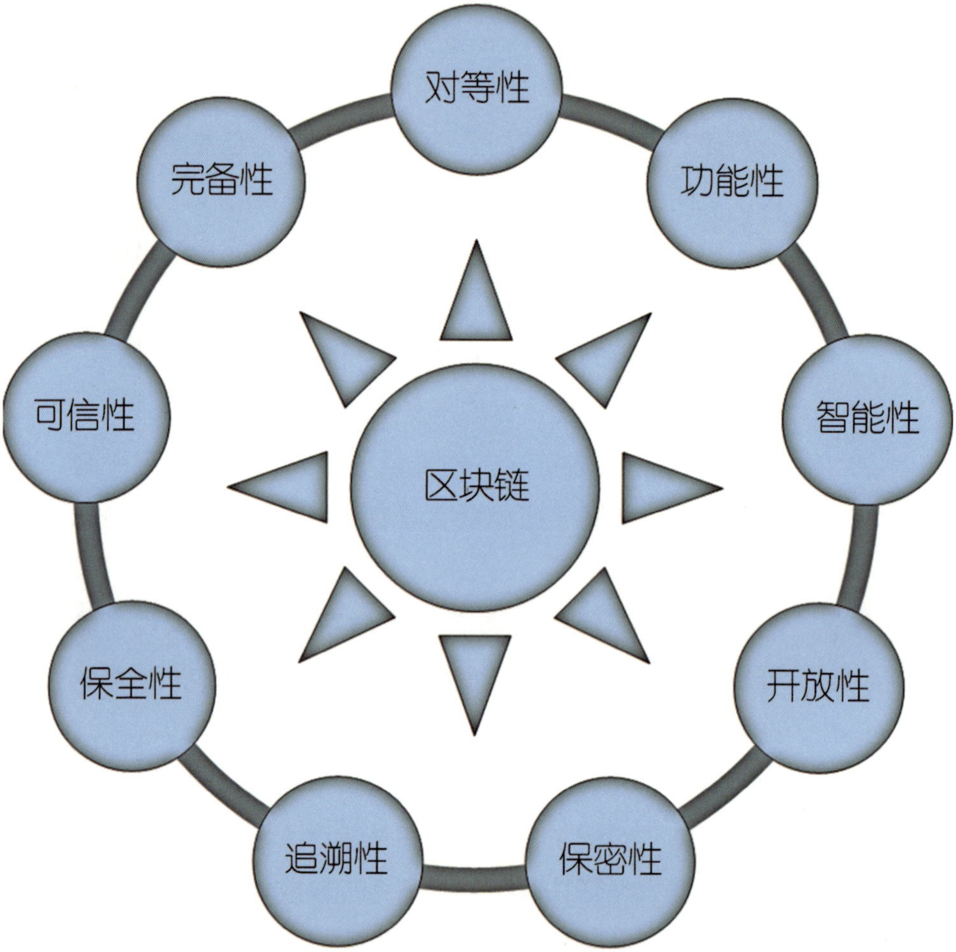

但是并不意味着每一条区块链都要追求所有特性，
而是可以根据需求有所侧重

从不同的角度考察区块链技术和系统，对比传统信息系统的技术和特点，可以发现区块链的许多特别之处。

从结点关系来看，区块链是一种对等式架构，结点之间相互平等，没有中心系统。

从能力输出来看，区块链系统可提供虚拟货币、信息存证等多种功能，且支持智能化操作。

从技术实现来看，区块链技术具有很好的开放性，特别是公链系统，原理和源码都是公开的。

从数据信息来看，区块链技术实现隐私信息的保密性，而存证的数据具有可信性、可追溯。

从系统运行来看，区块链系统可以不依赖其他系统而独立工作，具有完备性。

但不同的区块链技术和系统不需要面面俱到、把每一项能力都做到最强，而是可根据应用的需要突出某些方面的能力。

此外，区块链部分技术特性受到“不可能三角”（三元悖论）的制约。如安全性、公平性、扩展性三者无法全面兼顾。如果强调公平、同权，同时要保障交易安全，系统就会比较固化，扩展性就会受影响，而如果在平等基础上强调功能扩展，必然增加系统复杂性，安全性上就难以切实保障。

22 如何全面理解区块链存证?

【小故事 1】小明网上购物时留了一份心眼，把商家对产品和服务的承诺网页截屏保存。后来商家果然没有履约，最后对簿法庭。小明出示截屏图以证明商家承诺在先，但商家说小明的图是 PS 出来的。被告律师认为存在 PS 可能性，不能采纳小明的证据。

分析：小明具有自我保护意识，但考虑欠周到，采用的方法存在技术漏洞，使信息真伪容易受质疑。

【小故事 2】小明吃一堑长一智，将网页截图不仅自己保存一份，还交给好朋友小强保存。然而法官认为两份证据虽然可以相互印证，但好友间存在串通修改证据的可能性，使证据可信度大打折扣。

分析：小明即便有朋友相助，可是在这种事情里，朋友关系反而是不利因素。花钱找公证处做才对。

【小故事 3】小明学习了区块链，活学活用，将网页截图的数字指纹和时间戳保存到区块链上。这下他的证据就相当有说服力了。如果由第三方机构帮他随时存证，或由电脑自动进行存证操作，那就更加完美了。法官很乐意采纳这种“强可信”证据。

分析：虽然区块链具有存证能力，但不能解决上链前信息的可信性，所以链下应注意结合其他方法。

存证是指可信地保存信息，使之具有司法证据的采信度。

区块链技术可以防止链上保存的信息被篡改、被伪造，可以使信息具有专属性，即可以确权，其他人无法冒用、冒领，可以确定信息上链的时间。

所以，区块链上的信息可以确保是可信的，具备成为电子证据的基础。然而，区块链系统无法担保上链前信息的真实性、可信度。

因此，要保障区块链存证信息的质量，必须还要注重上链前信息处理的各个环节：

第一，信息从生成到上链全过程排除人为干预的可能性，由计算机自动执行。

第二，信息生成后应尽可能缩短链下处理时间，实时上链。

第三，如果不能完全排除人为操作，信息上链前的处理应交由公正的第三方执行，或由可信机构监督并公证。

23 什么是零知识证明？

阿里巴巴的两难困境

阿里巴巴如何才能既不透露“芝麻开门”口诀，又让强盗相信他能开启宝库大门？

阿里巴巴让强盗离他一箭之遥，听不到念口诀，却可亲眼见到宝库大门打开又关上！

启示

区块链可存证信息的校验码
信息不用公开在链上
却能证明信息的真实可信

说到区块链存证，有些人可能有这样的疑惑：保存到链上的信息是公开的，如何保护信息安全？难道存证信息要以泄露隐私为代价？还有另一种疑问：区块存储空间这么小，怎么保存大量信息？比如比特币的区块最大限制在 1 MB，而现在手机随便拍一张照片就是几 MB，如何存放到区块链上？

这些问题的解决之道实际上是同一个。简单分析这类需求，并不是缺少存储空间，要把区块链当存储来用，而是要对原始信息确权——把信息的内容固化下来，以便随时拿来与其他信息对照；把信息与拥有者的身份绑定起来，以便需要时说明自己拥有该信息；把信息产生的时间固定下来，以便可以对比其他信息表明其领先性。

既然是信息确权，就没有必要公布原始信息本身，而只需要将权属信息上链即可。

零知识证明方法可以帮助制订解决方案：将原始信息的校验码上链存证。从校验码无法还原出原始信息——信息不会泄露；没有原始信息就不能证明自己拥有这个校验码——信息有专属性；有了校验码就可说明原始信息没有任何修改——信息是原创的。

24 什么是群签名？

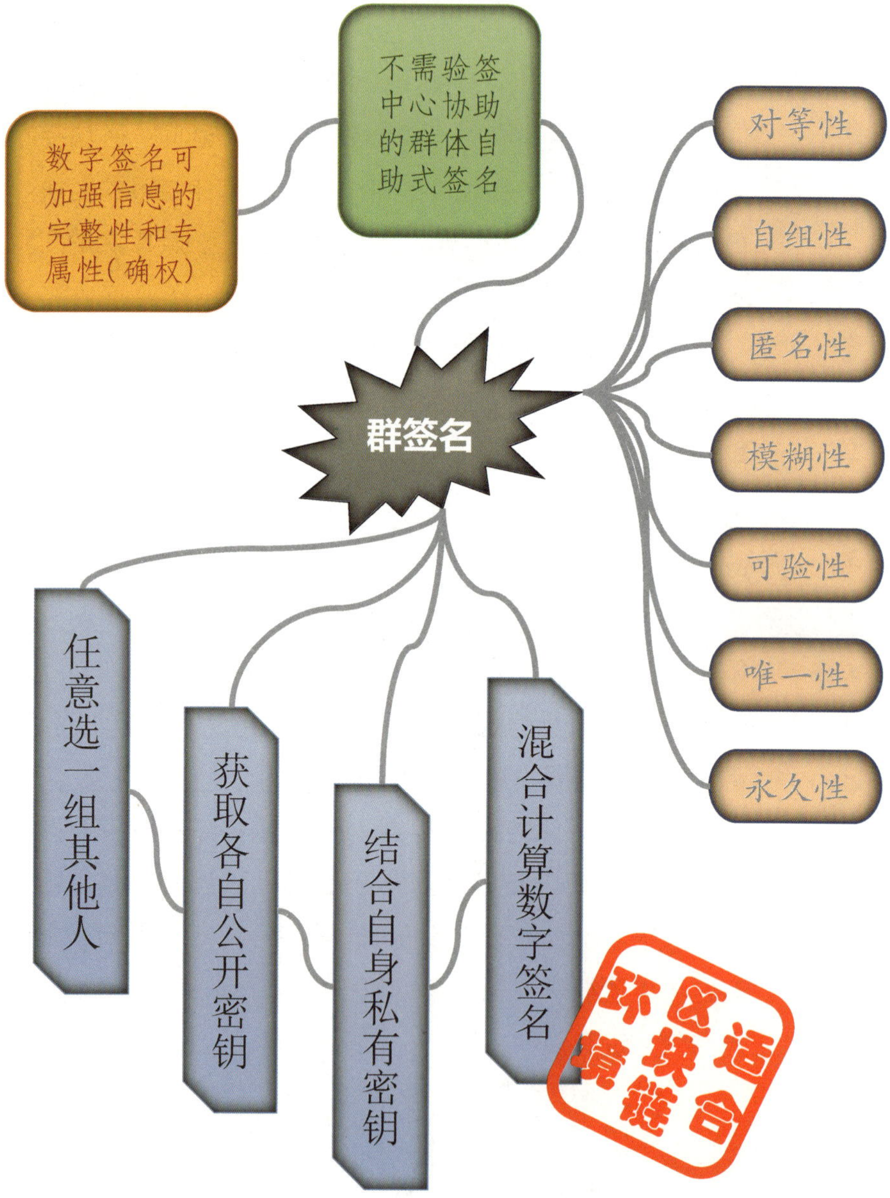
群签名
数字签名可加强信息的完整性和专属性（确权）
不需验签中心协助的群体自助式签名
对等性
自组性
匿名性
模糊性
可验性
唯一性
永久性
任意选一组其他人
获取各自公开密钥
结合自身私有密钥
混合计算数字签名
环境 区块链 适合

一般数字签名需要中心化机构（如 CA）的介入，提供数字证书和密钥管理服务。比特币等区块链则采用各自生成和保管密钥、自主签名、任意结点可验证签名的机制，排除了对中心机构的依赖。

但有时只有自己对信息进行数字签名是不够的，比如现实生活中需要“见证人”同时进行签名，就需要在区块链环境下实现多人签名。

群签名（group signature）就是一种多人签名的方法，而且不需要协助者知道自己参与了签名，只需使用公布在区块链上的公开密钥即可，同时真正的签名者也可以隐藏自身，把自己混在一组签名者中不露痕迹，因此属于一种模糊签名方法，做到几乎不暴露隐私。

例如环签名（ring signature）就是群签名中比较成熟的算法，非常适合区块链运行环境。如果没有签名者的私有密钥，其他人无法仿冒该签名；与单一结点自主签名一样，任何结点都可验证该签名。这样的签名不仅有签名者专属性，而且在不“打扰”别人的情况下，有了一群“见证人”。

25 上链存证的信息必须公开吗?

类似比特币交易中的币值
上链存证的信息
必须付出公开的代价吗?

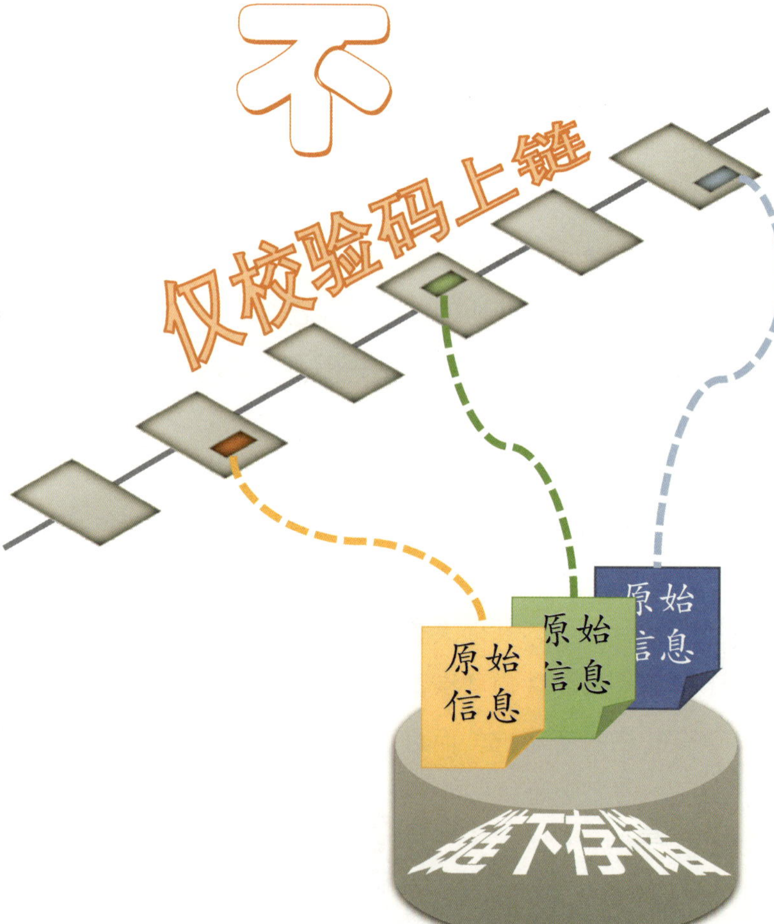

链上保存的信息所有结点都可读取，因此相当于是公开的。尤其是公链，区块链网络可能遍布全球，公开得非常厉害。

但是，链上信息的公开不等于存证信息（原始信息）的公开。运用“零知识证明”思想，可以在不暴露原始信息的情况下，向别人证明自己拥有这一信息。利用区块链的存证功能即可比较容易地实现：

（1）要保护的原始信息妥善保存在本地，如信息持有者自己的计算机上、托管的云存储上或第三方机构的存储设备上。

（2）使用单向函数（哈希函数）算法生成原始信息的数字指纹（相当于校验码）。数字指纹一般只有几十个字节，具有唯一性，反映原始信息的特征，用以表征原始信息。

（3）为了加强数字指纹的专属性，还可以使用公钥加密算法的私钥对数字指纹进行加密，生成数字签名（这一步非必需）。

（4）将数字指纹（或数字签名）结合时间戳上链存证。

这样，公布在链上的只是“代表”信息，别人无法反向推出原始信息。当需要求证时，用原始信息再次进行单向函数运算，与链上指纹信息进行对比即可“验明正身”。

26 区块链分为哪些类型？

区块链有三种类型：公有链、私有链、联盟链。

公有链（public blockchain），简称公链，顾名思义就是所有人都可随时加入、随时离开，主要计算机安装该区块链的软件即成为一个结点，甚至可以参与挖矿，没有准入门槛。公链通常以虚拟货币为主要业务，技术上通常会依靠互联网开源社区里的软件高手们来维护，但也有企业专业从事公链技术开发和运营。

私有链（private blockchain），简称私链，与公链相比是另一个极端，只有单位内部可以使用，外人免入。比如一个单位为自身业务的需要，独立建设和维护一条区块链，往往需要较强的技术和经济实力作为后盾。

联盟链（consortium blockchain）的准入要求介于公链和私链之间，可以由多个单位（如协会成员）共同建设、拥有和维护。

27 为什么联盟链值得重点关注?

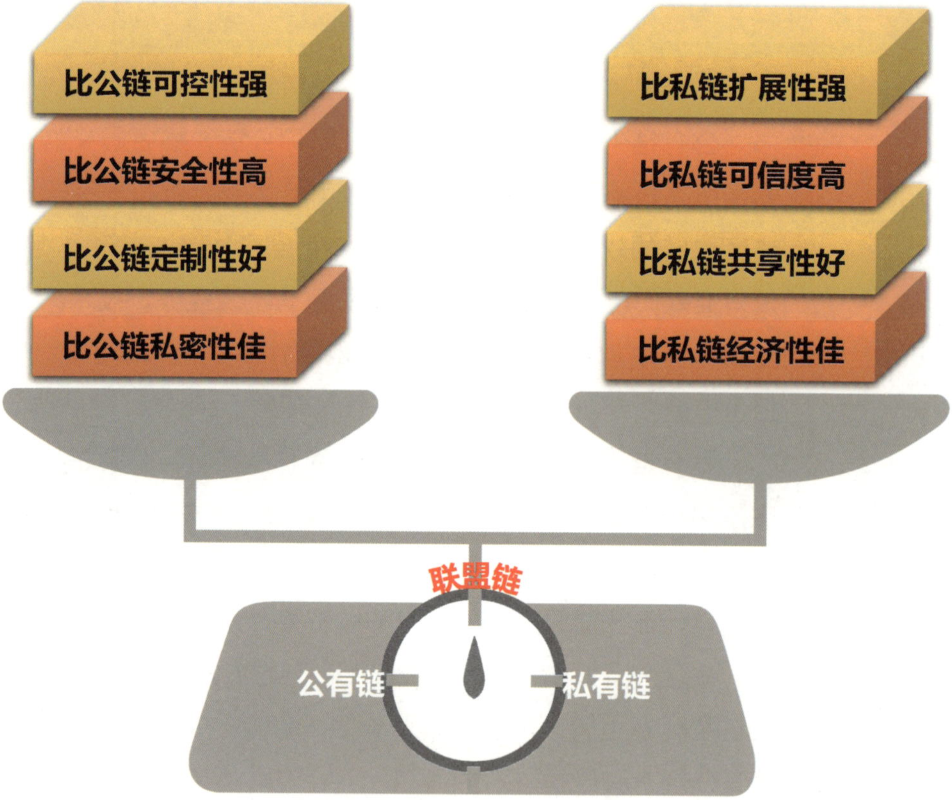

公有链、私有链、联盟链在性质上的差异，使得其在应用上存在较大不同。

公链不设置结点加入网络的门槛，为抵消维持运行所需成本，虚拟货币生成和发行就不可或缺。公链属于区块链原生技术，系统具有很强的自治性，最能体现区块链对等、共识、开放的特点。但公链的技术配置比较固化，一般不以高效能为卖点，更强调通用性，难以完全适配特定应用需求。美欧等国家比较侧重公链技术的研发。

私链虽然定制化、安全性程度高，但建设和维护成本也很高，而且所有结点为同一个单位所有，数量极少，与集中式系统的差别有限，将影响到存证信息的可信度。

联盟链结点归属的分散性和结点数量都有一定保障；可支持虚拟货币业务，也可完全去币化；区块链技术上可根据联盟成员的业务需求进行有的放矢的规划设计，更好地贴近上链应用；系统建设和运行成本可以摊薄；系统存证信息的可信性有足够保障。

综上，对于我国更为注重利用区块链技术来支撑行业应用的发展策略而言，联盟链是最适合的，其专有技术研究和底层链构建就更值得关注。

28 如何构造联盟链?

每个机构要求部署联盟结点
经授权加入联盟链
扩展区块链规模
部分结点可赋予核心结点职能

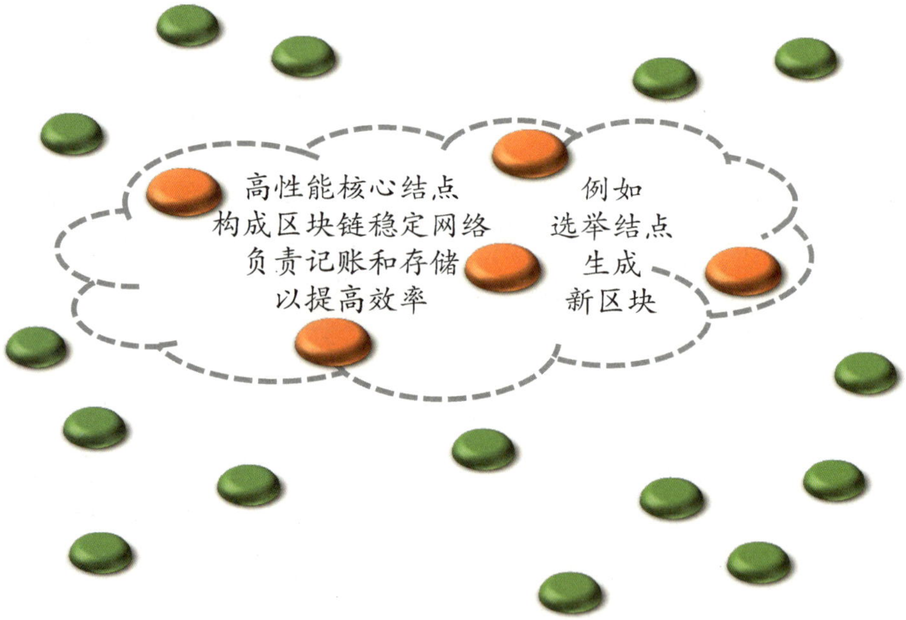

联盟结点可利用联盟链资源
构造独立区块链
锚定母链形成母子链结构

联盟链可由多个单位（如行业协会、联盟）共同发起建设，新成员单位可以在现有成员邀请或同意（也属于共识）下加入。新成员单位有义务独立部署一到多个结点，这样，联盟链规模就随成员数量增多而扩大，有利于保障存证信息的可信度。

为提高系统的上链速度、提升交易吞吐量，联盟链不一定采用全网共识机制，而是可以静态设定或动态选举一些核心结点，构成稳定的核心网络，由核心结点进行共识出块，全网其他结点则进行共识验证。高性能核心结点同时可承担全链区块存储、链下数据存储等职能。

核心结点、共识结点与轻量结点一起构成联盟链的三层结点网络，可以发挥各层次结点作用、降低整体投入成本，并保持系统运行的高效率。

此外，各加盟成员可依靠联盟链运行独立的区块链，相对于联盟链的“主链”或“母链”，生成多条“子链”，构成“母子链”结构。子链的创始区块及后续部分区块可以在母链上进行锚定，以强化子链存证数据可信度。母链和子链间还可以进行跨链业务。这种模式充分共享了联盟链结点资源、技术资源和系统资源，同时满足了联盟成员的个性化需求。

29 什么是区块链客户端？

客户端是用户操作界面（UI）
是访问区块链的软件
用以完成相关应用功能

- 查看链上信息
- 检索链上信息
- 信息发布上链
- 追溯信息轨迹
- 管理用户信息

比特币系统“钱包”就是客户端实例之一，用于用户生成私钥和地址、查看余额（即 UTXO）和交易记录、创建新的交易等操作

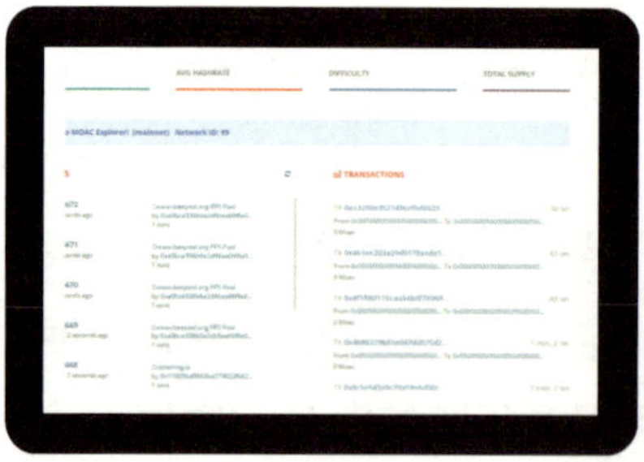

“区块链浏览器”是一种特殊的 Web 客户端，实际上是区块链运行状态的“数据看板”，显示区块高度、难度值、记录数、链上记录、交易速度等概览信息

用户是通过区块链客户端来访问区块链的，就像用计算机上安装的各种软件来访问网站或服务器。区块链客户端可以为智能手机 APP、台式机软件或销售网点的 POS 机。

区块链客户端是轻量化区块链结点，主要功能是为用户生成和管理密钥及地址、显示用户的资产余额（UTXO）、构造新交易（新记录）并进行发布、查询历史交易记录等。区块链客户端不承担挖矿、共识等重负荷任务，而且只查询和记录与自身相关的区块上的信息。

比特币“钱包”就是最早的区块链客户端。

一种特殊的区块链客户端是区块链浏览器，主要用以观察区块链的运行数据，如区块链当前高度（区块数量）、交易笔数、出块难度值、出块时间分布曲线、地址数（代表用户数）、虚拟货币总量、结点数等，同时可用于管理员对区块链系统进行配置，包括集中铸币发布、新版本签发等操作。

区块链客户端可以为独立的 C/S 方式软件，也可以采用 Web 服务器的 B/S 方式，用户通过 Web 浏览器进行访问。

30 什么是 Dapp？

Dapp

Distributed/De-centralized Application

区块链（分布式/去中心化）应用

——利用区块链网络存证信息的应用系统

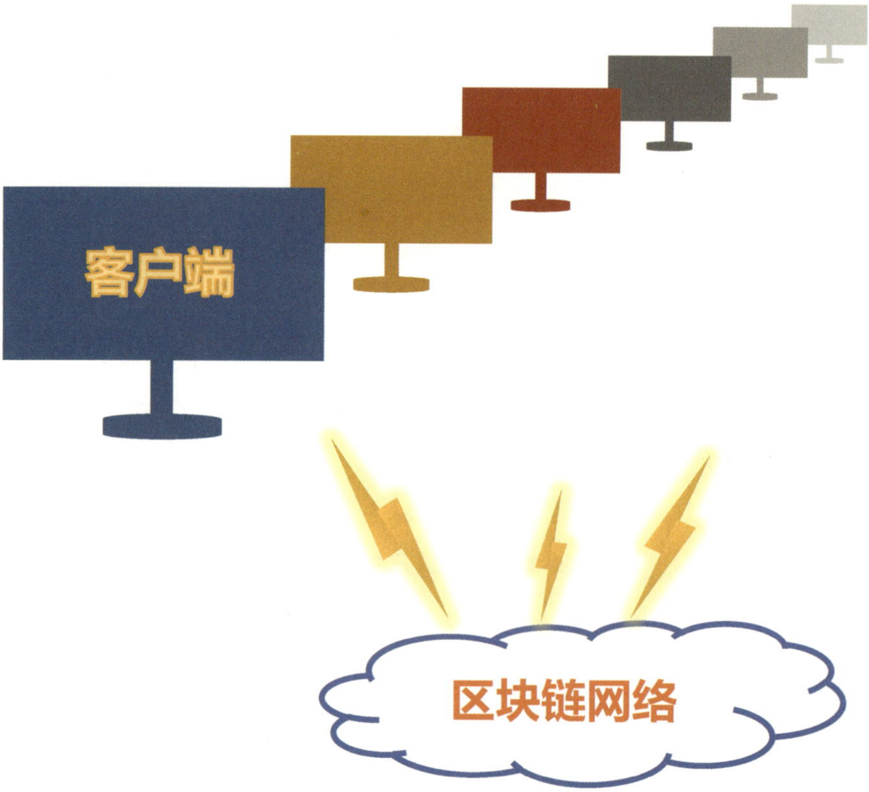

基于区块链的应用统称为Dapp应用。因为区块链是一种对等式网络架构的系统，具有“去中心化”（分布式）特性，利用区块链来实现的系统就带有“去中心化”属性，所以就被称为去中心化（分布式）应用（Distributed/De-centralized Application，简称Dapp）。

Dapp的底层（或者叫基础）是一条区块链，由区块链系统在各个结点形成的区块链网络上运行而产生，好比是计算机的操作系统，有了它软件程序才有执行环境。

Dapp的应用，不论是虚拟货币的交易操作，还是其他各种信息存证操作，都是由区块链客户端来实现的。区块链客户端与区块链底层网络间通过区块链协议来相互通信，通信的内容很简单，主要就是新记录的发布、链上记录的查询。

有些复杂的Dapp应用无法通过终端上的区块链客户端实现，则可构建一个区块链应用后端系统，由后端实现与区块链底层通信，实现应用需求，前端客户端则只访问后端系统，不直接访问区块链。但是，构建区块链应用后端系统需要特别小心，因为这等于添加了一个中心化站点，与区块链对等网络理念（及其带来的优势）是相悖的。

31 Dapp 与传统信息系统架构有何不同？

传统信息系统设计
采用中心化架构，依赖服务端

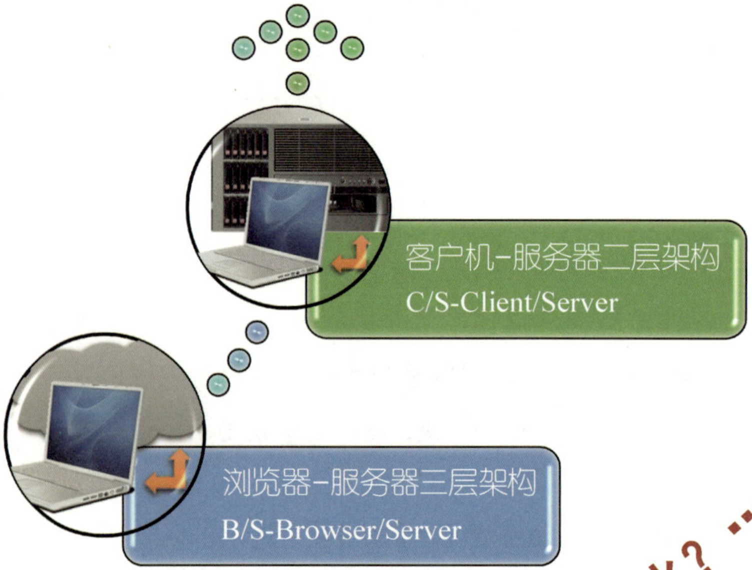

可信度？健壮性？平等化？……存在短板

而
Dapp
面向全局
区块链网络
不依赖单一结点

传统信息系统构造有两种方式：

- 客户机 - 服务器方式（C/S），是指用户终端上需安装客户端软件，与中心平台的应用服务器及其连接的数据库进行通信，所以称为二层架构。
- 浏览器 - 服务器方式（B/S），是指用户终端不需要安装软件，只需要用标准的 Web 浏览器即可，访问后端中心平台的 Web 服务器，而由 Web 服务器与更后端的应用服务器及其连接的数据库进行通信，故称为三次架构。

这两种方式的共同点是均完全依赖中心化平台，服务端容易形成访问瓶颈、单点故障，而且因缺少第三方见证人，系统保存的信息的可信度难以确保。

区块链技术的出现为信息系统的构建创造了另一条路径，即客户端 - 区块链方式（Client-Blockchain，简称 C/B），实现 Dapp 应用。

Dapp 应用的客户端访问的不再是中心化的平台，而是整个区块链网络，可以说任何结点都是其“后台”，系统可靠性也不受单一结点故障的影响。

32 如何构建区块链 Dapp 应用系统?

③开发Dapp应用(客户端)

- 开发满足应用需求的Dapp客户端
- 按需开发链下存储及管理系统

②获取Dapp开发API接口

- 存取链上信息的区块链协议
- 利用区块链协议的API接口

①构建一个区块链网络

- 自建底层区块链及网络
- 或利用已有公链或联盟链

区块链 Dapp 应用系统的构建分为三步，其中第三步是最终目的，属于顶层，第一步则是建设基础，属于底层。

区块链 Dapp 应用首先是需要一条区块链，即需要区块链网络和系统的支撑。私链的思路是自建，但也可以利用已建成的公链或联盟链。

其次，开发 Dapp 应用，需要区块链系统提供的 API 服务接口，其他包括智能合约开发工具、结点注册工具等，就可实现密钥管理、记录生成、信息上链、交易查询等区块链操作。

最后一步才是开发 Dapp 应用，如区块链客户端，完成信息系统数据的汇集、处理、存储和上链等一系列功能。

33 区块链系统评价指标有哪些?

评价一个区块链系统孰优孰劣有许多定性或量化指标，总的来说可以分为三类：技术先进性、信息可信度、应用支撑力。

技术先进性无疑是内在的、根本的。是否有独创性技术，是否便于开发智能合约，是否能够灵活适配需求等，决定了应用体系的基础是否扎实。

信息可信度是区块链系统最应具备的特质，安全保障能力是一方面，另一方面更是区块链所特有的，即结点的数量和分布状况。如果一个区块链网络只有两三个结点，更像是一个集中式系统（如服务器集群或 RAID 存储），安全性、稳定性、可信性都没有发挥区块链技术优势；如果一个区块链网络的结点都由一家来部署，即使地理位置上分布很广，也像是一个普通的分布式系统或灾备系统，保存的信息缺乏见证人背书而使可信度大打折扣。

应用支撑力是与区块链 Dapp 应用创建密切相关的指标（单纯用于虚拟货币交易的公链不关注这类指标），有些应用非常需要交易速度、上链效率，通常用 TPS（每秒交易数）来衡量，体现区块链的吞吐能力，有些应用则非常在意存储容量，不管是链上存储空间，还是链下存储空间。

区块链系统的能力和价值就是这些评价指标的综合体现。

34 如何区分区块链网络和区块链系统？

区块链 Dapp 应用

区块链应用软件
（Dapp 客户端）
调用 API 接口
存取链上数据
实现不同应用需求
（部分需链下系统支持）

区块链系统

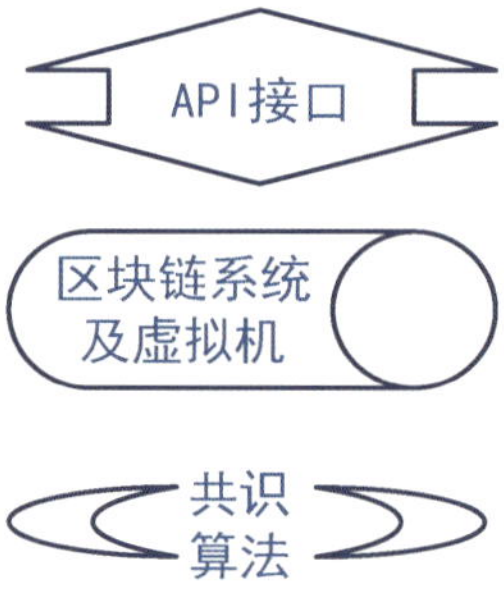

区块链系统软件
运行在结点上
可支持数字货币应用
更重要的是
支持可信存取能力
及智能合约
并支撑应用开发

区块链网络

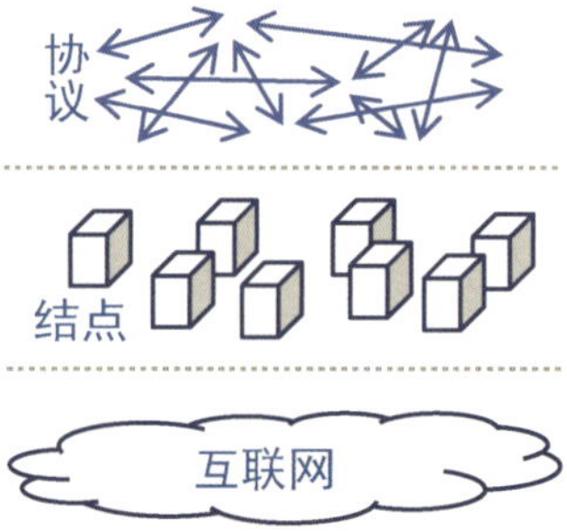

底层网络
基于互联网
通过区块链协议
连接全网结点
实现信息交换

有时候我们在谈论区块链时，并不严格区分区块链系统和区块链网络，而是相互指代，甚至有时把 Dapp 应用也包含进去，泛称区块链系统。

但仔细分辨，狭义的区块链网络与区块链系统还是有所区别的。

区块链网络更偏向底层，是与互联网的结合，既指构成区块链体系的结点，又指用于结点间通信的互联网 TCP/IP 协议和区块链协议。

区块链系统则指区块链特有功能的整体实现，包括：区块数据结构、链式结构、共识机制、智能合约引擎等，还包括提供区块链系统访问的 API 接口。

区块链 Dapp 应用是透过 API 接口访问区块链，实际上不直接接触（其实也并不关心）物理的结点部署、连接关系及区块链构造，而只是逻辑上与整个区块链系统之间发生关联关系。

可以说，区块链网络与系统支撑了 Dapp 应用开发和运行，Dapp 应用及其需求则反过来促进了区块链技术的创新发展。

第三讲

开枝散叶，持续创新区块链技术

区块链技术创新
区块链架构演化
区块链共识机制
区块链智能合约
区块链超级账本
区块链跨链联动
区块链领域状况

概述

后比特币时代，区块链技术兴起。区块链继承了比特币系统具有颠覆性的技术理念、架构、方法，使全局性的链式结构、共识机制、交互协议等方面，以及局部性的计算引擎、存储模型、验证算法等方面，都可以进行技术创新。

35 区块链技术如何创新？

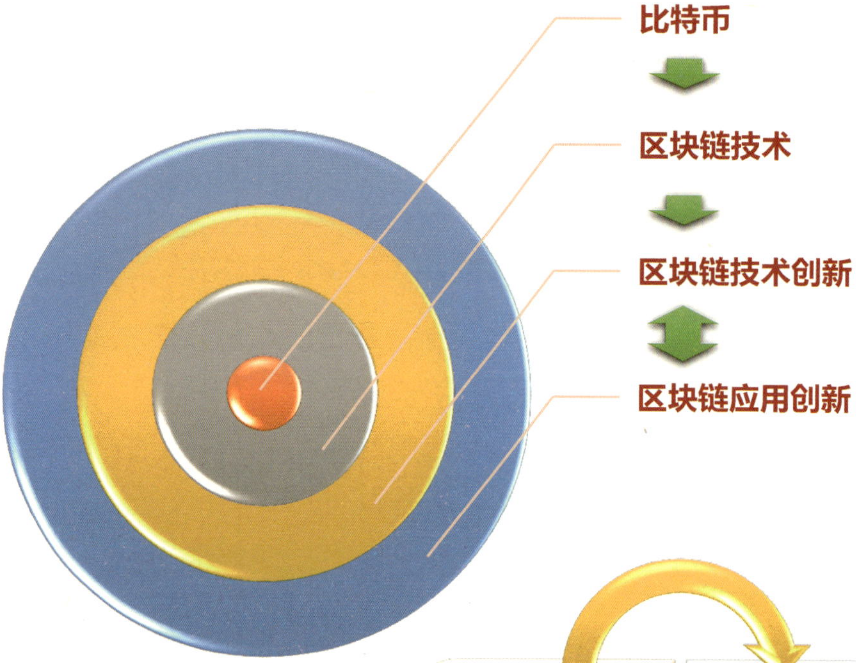

始自比特币系统，区块链技术启程出发，开始路途漫长、但道路更加开阔的征程。

区块链技术是为虚拟货币而生，却是为行业应用服务的。区块链的最大价值并不是虚拟货币是否“值钱”，而是对等互连、交易见证、信息追溯、智能合约、隐私保护及虚拟代币等能力是否有效为应用赋能，提升应用能力、提高运作效率，从而创造更大价值。

因此，区块链技术创新应在两个层面上开展。

首先是区块链本身的技术创新。在保持链接原理、实现可信存证的前提下，可以在块链结构、共识机制、加密算法、数字签名、合约脚本、跨链协议等各个细节上进行改进，而不限于比特币系统所提出的方法。例如，交易不以虚拟币转账为核心功能，而是以保存信息为职能。

其次是区块链应用的开拓创新。既包括支撑环境、开发工具、集成系统、基础组件等应用技术的创新提升，又包括设计、定制、咨询、托管、集成、运营等区块链应用服务的产业创新，当然还包括区块链与应用相结合的模式创新。

区块链技术始于创新，区块链的发展必然受益于不断创新。抛弃墨守成规、勇于开疆辟土，理当成为区块链领域的主旋律。

36 区块链只能是一根单链条吗?

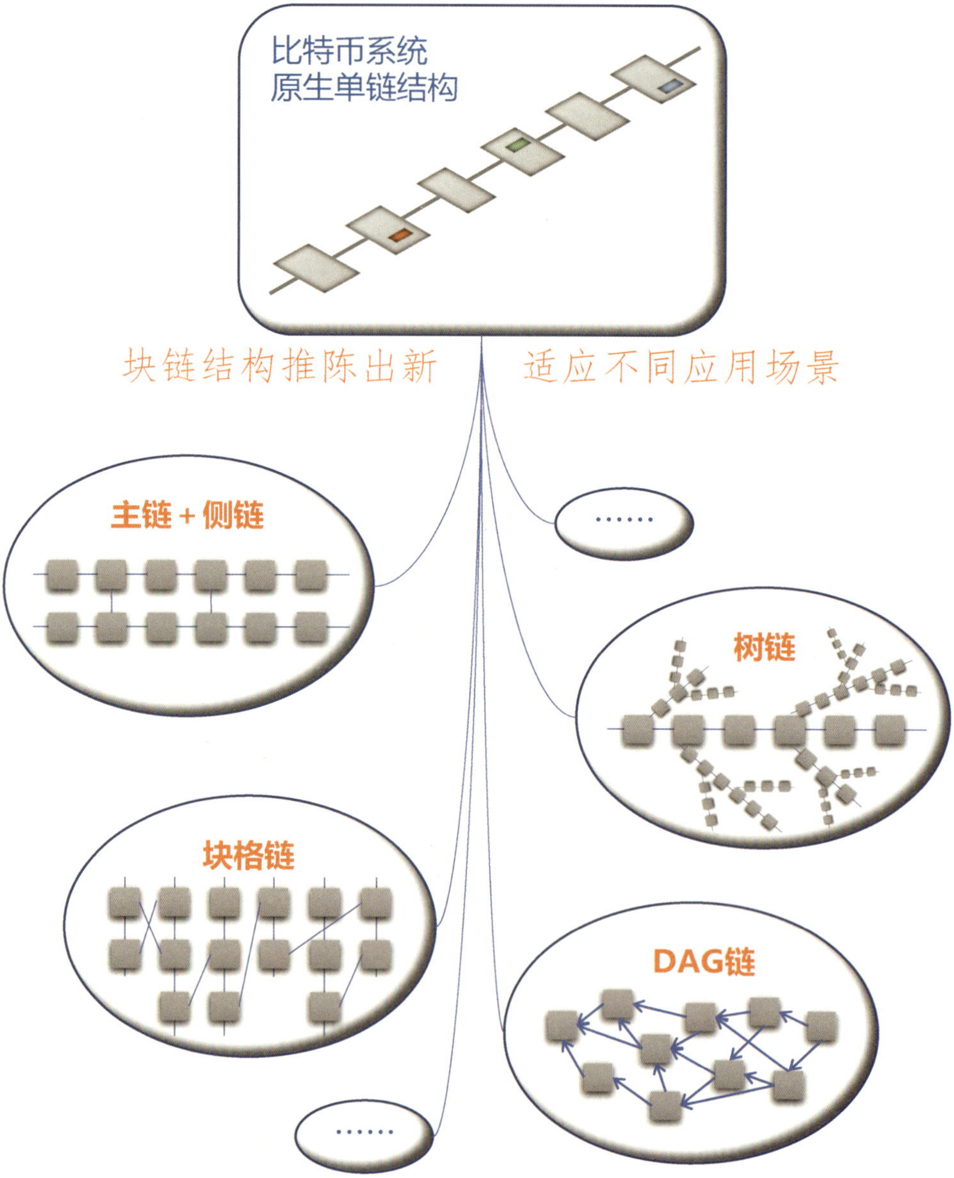

比特币系统的单链结构是与其设计的工作量证明及全网共识机制密切相关的，是两者共同作用的结果。单链的好处是算力集中、避免少数结点作恶，最终使全网结点保持数据一致，也与其电子现金生成（挖矿）方式有关。

然而，单链结构并非唯一选择。为适应不同应用场景和需求，完全可以推陈出新，在保持区块链最核心的链式关系前提下，设计各种形式的块链结构。

主链和侧链可以形成技术统一、业务独立的扩展能力，平行链之间还可以通过跨链协议机制相互转移资产或信息，实现互动和协作。

块格链可为每个参与者构建独立的链条，区块间可横向建立交易，每方只需保存自己的数据，达到负担最小化。

树链则可为每个下属机构、更下属的机构提供独立的支链，支链的创始区块、后续部分区块可在上层链上打锚点，每条支链的运行不会受上层链制约，存储、速度等不易受影响，也可实现跨链操作。

有向无环图（DAG）链非常适合用于物联网感知数据采集后实时上链，最终形成单向延伸的网状的链式结构。

37 一个结点只能用于一条区块链吗?

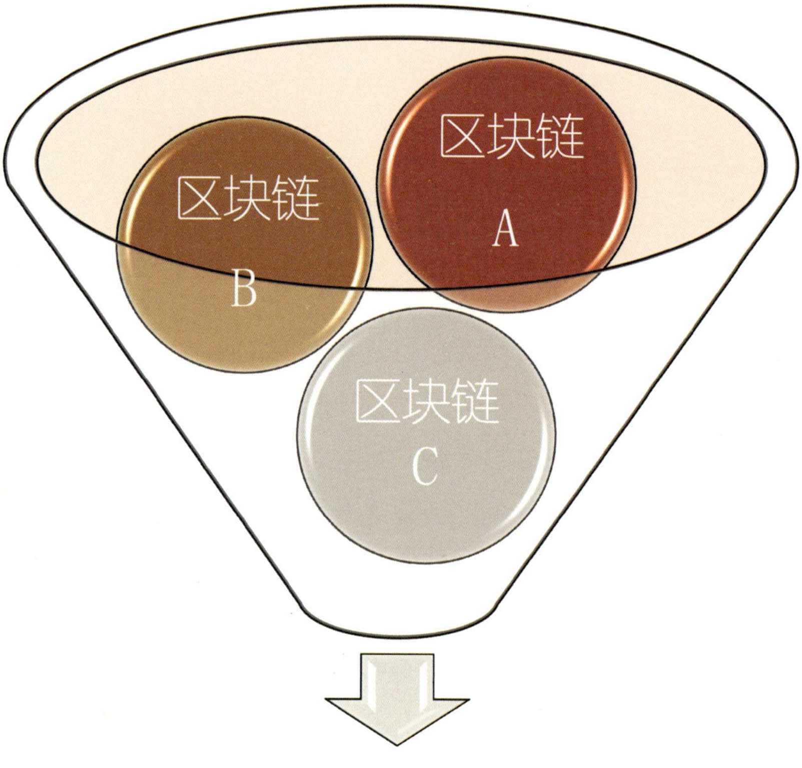

运行在同一个结点上

一台计算机可以并发运行多计算任务；不同的区块链具有不同的标识符，使用不同的软件模块、通信协议、端口号，完全不影响他们共享同一个计算结点

对于一个区块链系统，安装运行其区块链软件的计算机就是其结点。因此，具备多任务处理能力的计算机，只需安装多个区块链软件，就可以同时为多个区块链系统服务，成为多条区块链的结点。

区块链结点之间的通信都是依靠区块链协议。区块链协议都是工作在 TCP 协议（也可选择 UDP 协议）之上，所以只要 TCP 端口号不产生冲突，区块链协议之间除了共享带宽资源外不会相互干扰。

特殊情况下，如果采用同一套区块链技术和系统，运用同一个区块链协议、使用同一个 TCP 端口号，理论上也能在同一结点上同时跑多条链，只需要设置不同的链编号（如比特币系统的“魔术字”）和可区分的用户地址编码，以便协议机和区块、交易等模块可识别并分别操作。

以当前计算机（甚至是云计算平台虚拟机）的性能，计算处理、存储空间等资源比较充裕，完全可以胜任多条区块链共享同一结点。

38 区块链结点中谁负责生成新区块?

挖矿结点

安装了“挖矿”模块的计算机，负责搜集交易记录、验证交易、构造账本、计算符合条件的新区块，并参与共识

成功找到了新区块并最终获得全网共识的挖矿结点，矿工即获得该区块新增的虚拟币，作为其完成记账的奖励

小知识

【矿机】一种软硬件集成设备，一般成本较低，专用于某种虚拟币的挖矿作业，不需要复杂的安装维护操作，简单配置即可使用

【矿场】利用挖矿算法并行处理原理，集中大量廉价处理器（比如显卡）同时进行计算，使挖矿速度和成功率提升几千、几万倍

【矿池】在互联网上大量旷工结点结成挖矿合作体，分担计算任务，并行挖矿，提升速度和成功率，产生的收益按算力进行分配

在不同的区块链系统中，可以由不同的结点负责生成新区块。

比特币系统开创了由“挖矿”结点竞争生成新区块的方法。挖矿结点就是配置有区块工作量证明算法和共识机制模块的计算机。由于生成新区块链的过程就是形成新交易账本的过程，所以挖矿结点其实应该称为记账结点。

而其他类型的区块链系统可以采用完全不同的新区块生成方法——

- 先由全体结点或核心结点进行选举，选出的结点负责记账，即构造新区块；或选举出少数结点（提高共识效率），再由这些结点竞争记账权。
- DAG 区块链系统中，每个结点都可以生成新区块。实际上 DAG 区块链上“数据记录即区块”。
- 采用弱中心架构的区块链系统中，由中心结点承担记账并生成新区块。

虽然生成新区块存在多种技术方案选项，但是共同要求是应切实避免由固定结点生成新区块，因为这个结点将成为“隐式中心”，破坏了区块链应有的共识机制，不利于链上信息的可信度。

39 为什么只有挖矿结点参与共识?

从正向来看，
只有挖矿结点计算和发掘新区块，
当其收到其他新区块并验证通过后，
接受新区块上链，同时终止本次挖矿，
然后在该新区块后重启新一轮挖矿，
相当于在共识机制中以其算力的
叠加对新区块投了“赞成票”

从反向来看，
非挖矿结点没有发掘新区块功能，
换句话说，无法对新区块贡献算力，
即使想认可某个新区块而反对另一个，
由于无法参与在认可的区块后挖矿，
从而对延长认可的分叉没有贡献，
也就相当于不具有共识投票权

比特币系统中，除了挖矿结点参与共识机制外，其他路由结点、存储结点、轻量结点是否也参与全网共识？答案是否定的。

非挖矿结点可以进行交易合规性验证，对无效交易直接丢弃而不作进一步转发（相当于每个结点都有筛选过滤能力），对接收到的新、老区块也将进行有效性验证，丢弃无效区块。

但是，由于非挖矿结点并不贡献挖掘新区块的算力，只能对非法区块说“不”，却无法参与工作量证明计算以提高对支持某新区块的同一阵营结点群率先挖到新区块的概率，相当于没有能力说“是”。比如，倘若某个人只能识别出“没有资格的候选人”，而无法对任何合规候选人投赞成票，那么表明这个人显然不具有选举权。按同样道理，说明非挖矿结点没有共识表决权。

40 区块链必须有挖矿结点吗?

就像在“区块链结点中谁负责生成新区块”问题中讨论的那样，虽然比特币系统中挖矿结点（即记账结点）是不可或缺的存在，然而其他区块链系统可选择采用不同的共识机制，未必需要挖矿操作来生成新区块以完成记账，自然就不一定有挖矿结点了。

尤其对于一些去币化区块链系统，没有了虚拟币，就更谈不上“挖矿”了。

挖矿是以全网付出巨大的资源消耗为代价来换取公正性，如果获得的成果有价值，就是值得的，就像工人们付出很多劳动挖掘矿石、运输、冶炼，获取稀有金属一样。但在不丧失公信力的前提下，通过调整共识机制，既可高效地生成新区块，又可大幅度降低能耗，将很有意义。

41 区块链有哪些共识机制?

共识 Consensus

是在网络中各结点之间通过协商达成一致
决定的过程，比如接受一笔交易或
认定一个区块，并可对抗少数结点的
故障、失效或恶意扰乱

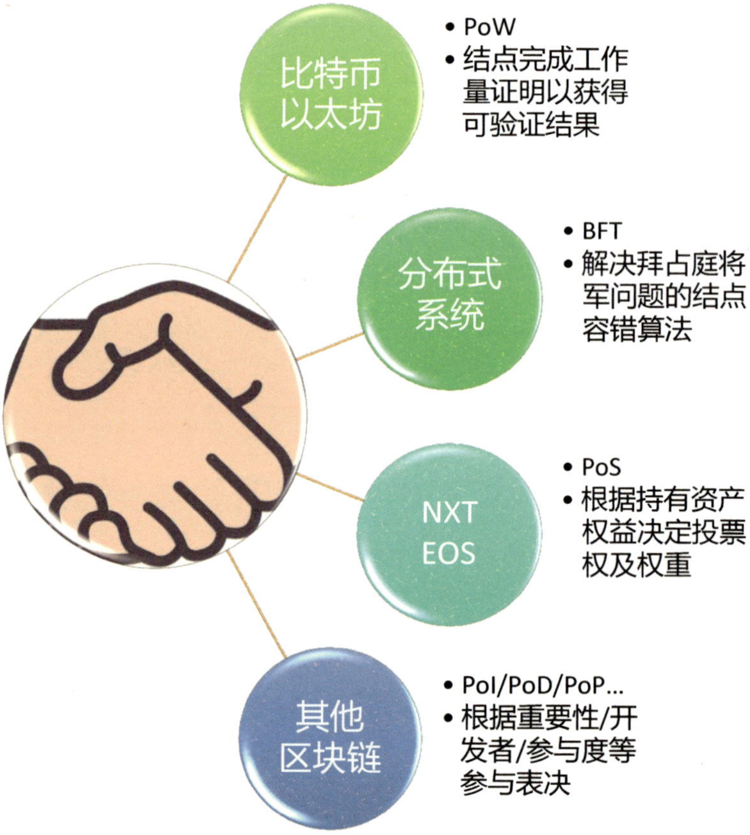

共识是平等地表决，少数服从多数，最终全体达成一致意见的过程。

共识不仅要顺利地、尽可能高效地形成结果，而且要能够抵抗恶意的或虚假的信息干扰。计算机分布式系统理论中有著名的“拜占庭将军”问题，就是如何在存在背叛者、信息丢失等情况下，仍然能够获得正确的决策。

比特币采用了巧妙的共识机制实现方法，基本思路是：更多结点支持的候选区块＝更大的累计算力＝更快的出块速度（更高的先出块概率）＝更快地延长链分叉，所以只需规定保留更长的分叉，就相当于遵从了多数结点的意见。

现有的其他区块链系统有的设计了不同的共识机制，加入了结点投票权重的因素，比如持有资产越多则权益越大，被选中为记账结点的概率就越高，或者根据活跃性、重要性、贡献度等量化指数来衡量。

共识机制很难用一个尺度、一套标准来判定优劣。即使是看上去最重要的公正、公平，实际上也随系统目的不同而改变。比如有些系统就是要鼓励结点积极参与，那么让参与度高的结点多获利才是公平的，所谓“均权”反而是不合理的。另外有些系统强调快速性，就不能忍受全网慢吞吞的算力叠加确认了，选举“代表”来表决或许就是最佳道路。

42 什么是区块链协议？

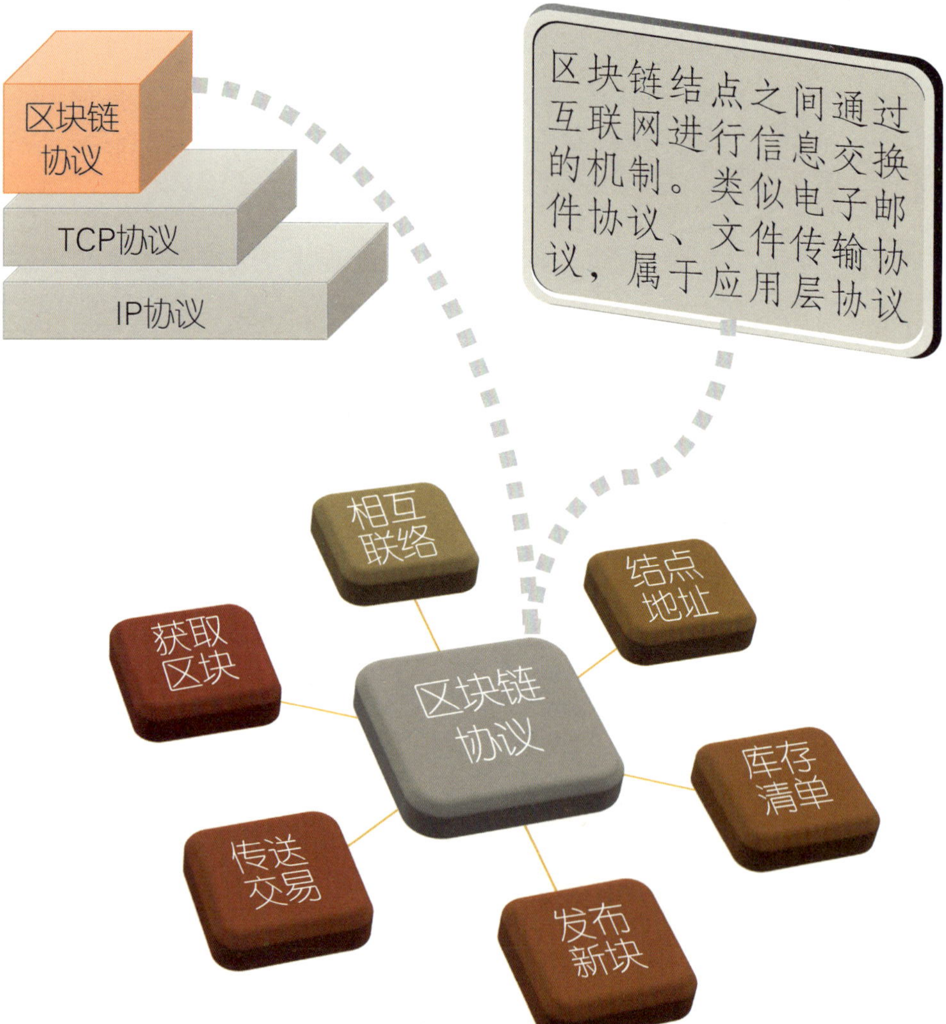
区块链协议
TCP协议
IP协议
区块链结点之间通过互联网进行信息交换的机制。类似电子邮件协议、文件传输协议，属于应用层协议
相互联络
结点地址
获取区块
区块链协议
库存清单
传送交易
发布新块

区块链协议（BlockChain protocol）是结点之间沟通交流的唯一途径。共识机制、信息流转等都必须在协议支撑下完成。区块链协议连接各个结点构成区块链网络。

区块链协议运行在互联网上，基于TCP/IP协议栈（也可采用VPN安全隧道协议），是应用层协议之一。可见，任何区块链系统只是互联网上的一种应用，并不是什么“新一代互联网”，不过，嫁接在区块链上的应用可以更为可信，从这个意义上说，区块链为互联网增光添色了。

区块链协议的实现的功能并不复杂，目的就是满足各个结点的以下需求：

- 结点要查询可以连接的结点的IP地址。
- 初始上线的结点“一无所有”，要从正在运行的结点处获取已经生成的区块。
- 新生成一条交易（或挖出的新区块）要发送给其他结点；结点要转发合规的交易或区块。
- 结点关闭了一段时间后，再开机运行，要从其他结点获取缺失的区块。

不同类型的结点对协议的功能要求不尽相同，比如轻量化结点并不会获取所有区块，否则负担太重，而是更关注相关的交易。

43 什么是区块链跨链协议？

实现不同区块链之间资产或信息等相互转移、转换的通信协议

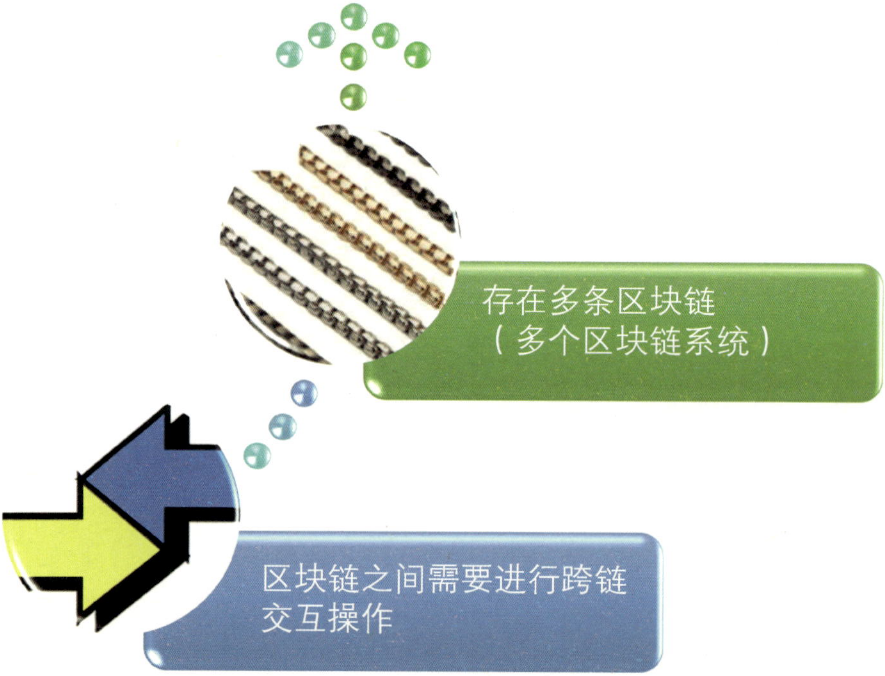

区块链跨链协议不同于区块链协议。顾名思义，跨链协议用于不同的区块链之间进行协作。

在两条独立运行的区块链之间，可以有数据交换、业务交互的需求。比如用户在A链上的一个“会员资格证”要转到B链上，以便继续享用B链提供的会员福利，过了一段时间，用户又要迁回A链。这类转移就属于跨链操作，需要跨链协议支持。

在跨链协议开始执行之前，必须先将需要迁出的资源（信息或虚拟币）在原位进行“冻结”，使这一资源在原区块链上无法使用，避免资源被“克隆”而复用；然后由跨链协议执行两个区块链系统之间的通信，将迁移资源传递给目的区块链系统，至此跨链协议的使命已经完成；之后由目的系统将迁移资源记录到区块链上，这个资源就又被激活了。

反向的迁移同理进行。

资源迁移前后，可能会根据不同系统的要求进行对应转换，例如由于虚拟币的单位、价值不同需要进行等值兑换。

在区块链系统越来越多的将来，跨链协议是很有必要的，可以避免区块链系统成为新一代的信息孤岛，有利于打通不同的系统。

44 什么是链上和链下协同?

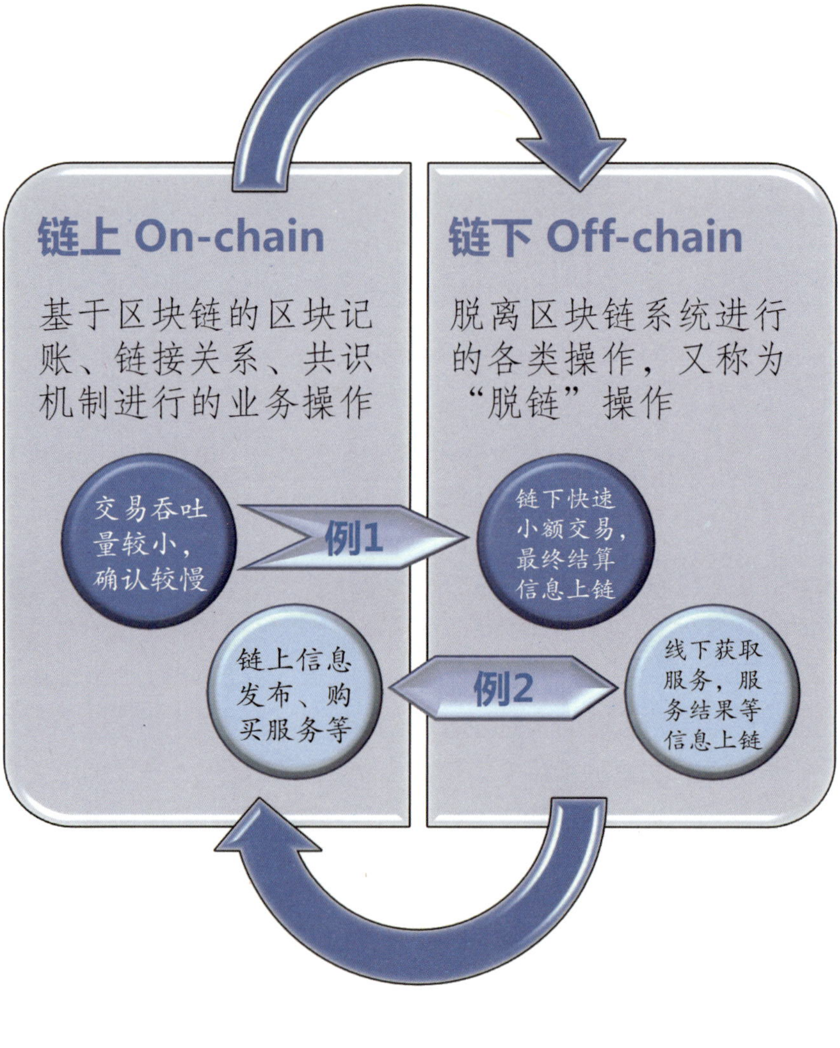

链下操作应特别谨慎，因为不受区块链技术机制保护，可能存在不安全、不可信问题

链上信息是指记录在区块账本中的信息，受区块链技术机制全方位“保护”而可信、可追溯；链上业务（交易）是完全由区块链系统执行的操作。但是，区块的存储空间局促、吞吐能力有限，不可能存证大量信息、很难支撑超高的交易频度和速度，而且从隐私保护的角度来看，原始信息也不宜直接存储在账本中而“大白于天下”。

因此，链上、链下协同是大势所趋。

链下操作，又称脱链操作，与区块链系统无关，不受区块链系统“护佑”，但可以充分发挥链下资源丰富的优势。比如不受区块尺寸限制的海量存储空间、不受交易确认时间约束的快速小额支付等。再比如链上存证指纹信息、链下本地化存放原始信息，既不会过分占用链上宝贵资源，又可防止隐私信息暴露，可谓一举两得。

链下操作也包括线下（off-line）操作，脱离了线上虚拟世界来到物理世界，比如链上的“学分”攒够了换成一本“毕业证书”，然后毕业证书可进行上链存证。将区块链应用拓展到线下能显著增强业务活力，为区块链开辟出丰富的应用场景。

45 如何提高区块链交易速度？

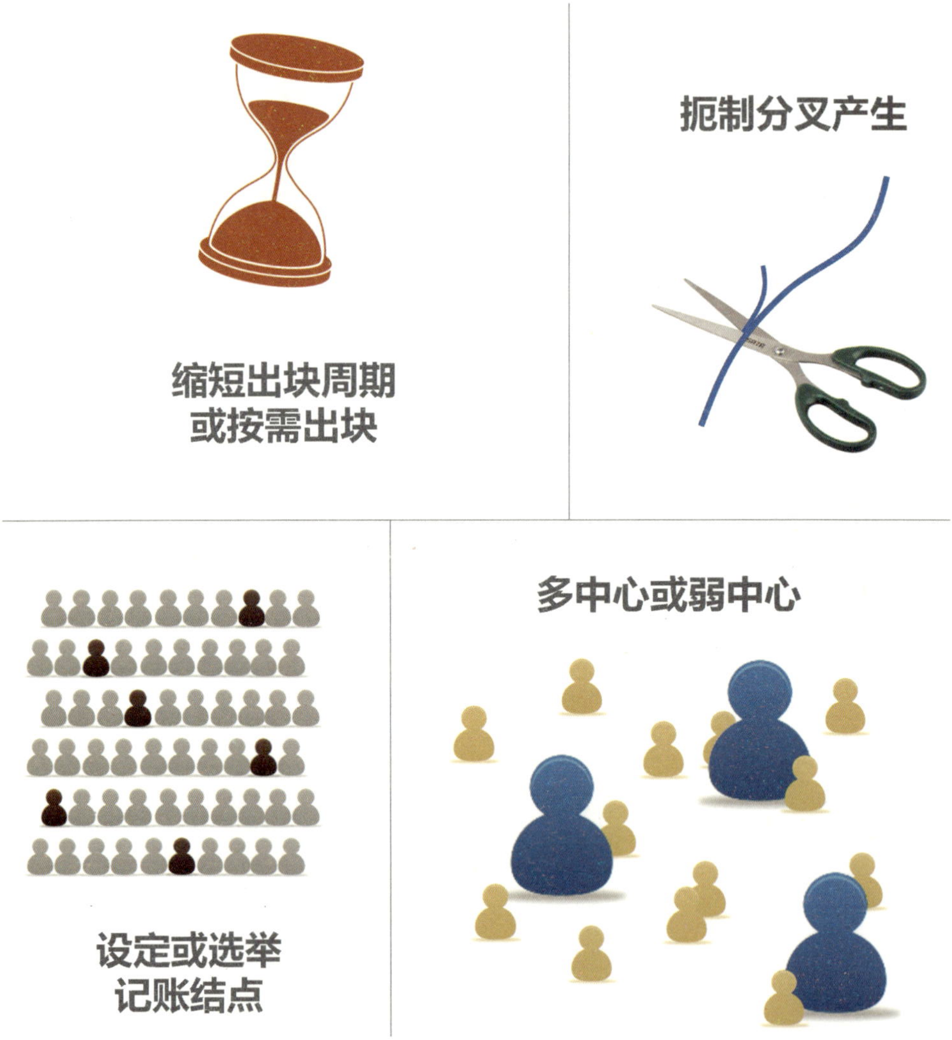

要了解如何提高区块链的交易速度（吞吐量、效率等），首先要弄清为什么区块链的交易速度比较慢，比如比特币系统只有每秒钟7笔。

根据比特币技术原理，交易需要发布到全网，由记账结点进行验证，并记到下一个新区块上，这番操作过程可能就需要几分钟到半小时不等，还需要再经过多个区块的后续工作量叠加（以保证不在被裁剪的分叉上），可能又需要几十分钟。此外，区块的容量有限制，无法容纳大量的交易记录，所以交易量大时交易上链时间会进一步延长。可以说，区块链是以效率为代价换取链上信息的可靠、可信。

当应用需要更快的交易速度时，区块链就需要在技术上进行适应性调整，例如：缩短出块周期或按需出块、由少量结点负责记账而不是全网记账、采用多中心或弱中心模式、从算法上杜绝分叉而非出现分叉后再去解决等。

另一种思路是结合链下操作。对于小额交易（风险较小），先各自准备一些备用金“转移”到链下，支付就在备用金范围内相互转账，可快速完成，当需要最终清算时再上链确认。

需要注意的是，所有这些技术改进应当以不损害区块链的可信存证为前提，否则就得不偿失了。

46 什么是智能合约？

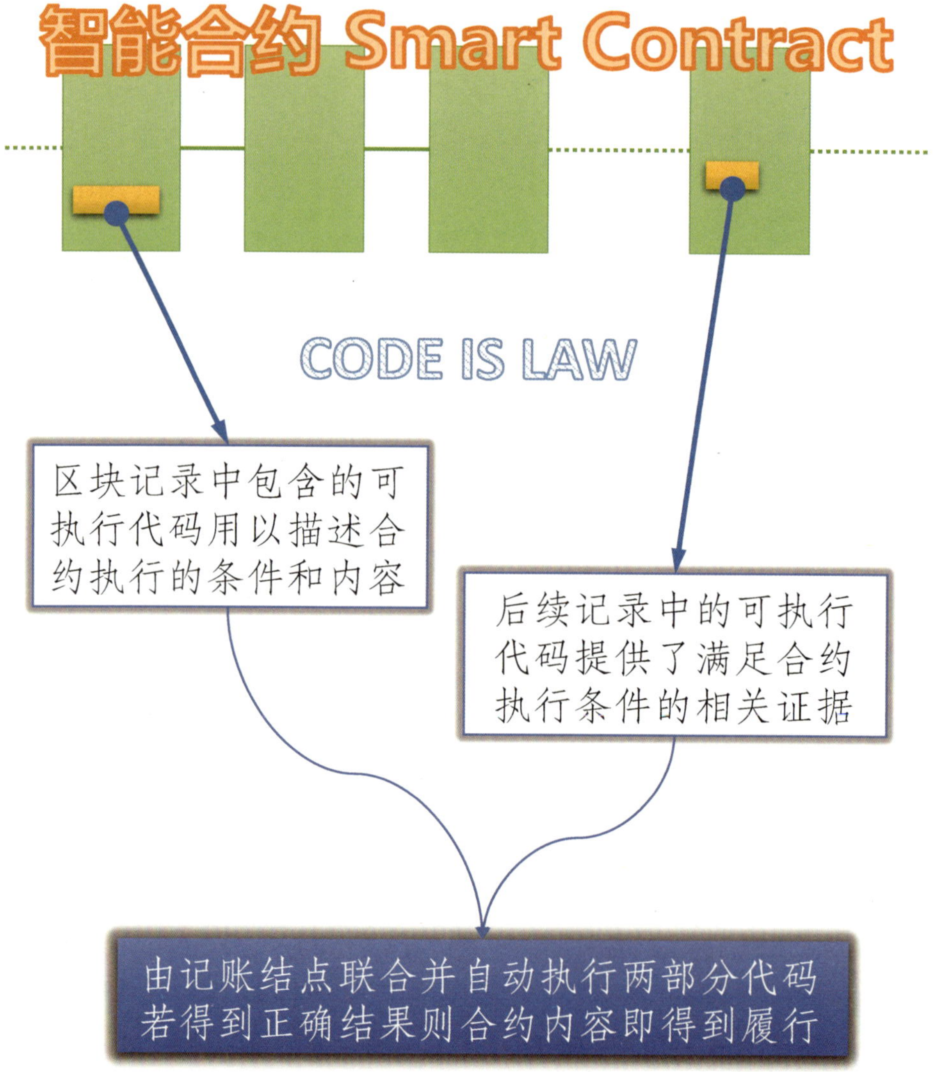

比特币系统的交易锁定、解锁脚本就是最初的智能合约，若验证通过，即可花费这笔钱，排除了人为因素的干预

智能合约无疑是区块链技术的重大贡献之一。比特币系统主要目的是在交易输出中实现资金锁定、在后续交易输入进行解锁、可以由各结点自行验证，为此设计了脚本机制，由虚拟机执行脚本代码来自动完成验证过程。受此启发，区块链发展出智能合约技术。

智能合约是运用区块链定义的一套链上代码进行编程，将合约（即交易、合同、协议等）双方或多方经约定需要遵守执行的条款用代码形式固化下来，这样，当约束条件满足后，对应操作（如转账）就可立即得以履行。简单的例子是“甲方于某日期向乙方付款某元”，一旦该代码上链，则该日期一到，代码执行结果即为“通过”，那么付款就自然成立了，也就意味着乙方收到了款项（乙方可动用这笔资金了）。

智能合约最重要的意义在于让合约执行尽可能排除人为因素干预，防止拖延、毁约等常见现象发生，同时让合约可自动化操作。

但由于现实世界的合约条款往往非常复杂，将其代码化不啻为一项严峻挑战。另外，代码化后的合约是否完全反映合约条款内容、是否存在技术漏洞而可能被非法利用或破坏、是否存在逻辑缺陷而无法通过验证、是否具有法律约束力等，都是智能合约面临的问题。

47 区块链如何实现确权？

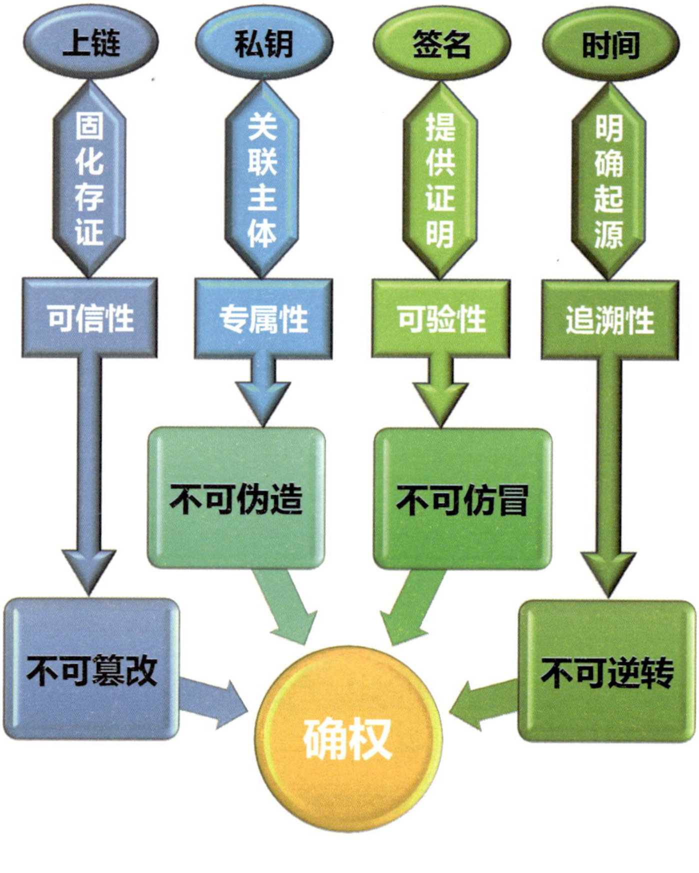

确定数字资产归属权

财产所有权、著作权、发明专利、设计版权……

确权就是确定区块链上数字资产的归属权，例如财产所有权、作品著作权、发明专利、设计版权、商标、域名。数字资产（包括数据资产）的确权需要做到以下两个方面的保障：

（1）数字资产的完整性。

（2）数字资产与权益人的关联性。

确权是区块链技术的强项。区块链运用多种技术手段合力支撑权益人的数字资产不受侵犯：

- 信息存证能力可保障数字资产的完整性，防止被篡改，起到保护“原件”的作用。

- 数字签名功能既可形成数字资产与权益人的关联性，使权益人可出示“证明信息”以验证所有权，其他人不拥有对应的私钥，就无法给出“证明信息”，也无法伪造数字资产。

- 数字资产上链时间戳及次序则可表明其是否为“首创”，可通过链上记录进行追溯；如果是言论“转发”，则可据此发现谣言的源头。

区块链的交易功能还可支持数字资产的转让，例如技术交易、版权交易，让使用权、产权可以进行转移，以盘活数字资产。

48 什么是超级账本？

超级账本
Hyper-Ledger

有多少个记账结点就有多少个“见证人”

全网数以万计的人共同验证、记账的唯一账本

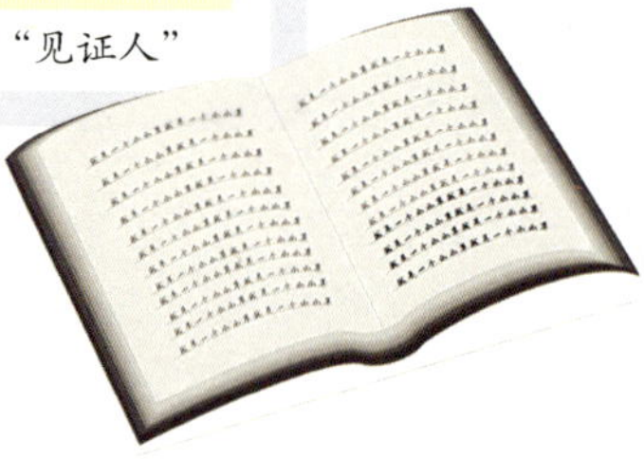

超级账本（Hyperledger）来源于Linux基金会在2015年12月主导发起的一个开源项目，旨在推动区块链跨行业应用。

超级账本的主要含义是分布式记账，全网有多少个记账结点（例如挖矿结点），就有多少个交易见证人，使保存的信息可靠、可信。比如村里的大喇叭广播“老张借给小王十块钱”，每家都听到、都记了一笔，每家都有一模一样的一本账，那么小王就无法赖账，老张也不能硬说借出十二块钱。

可见，区块链的全网记账方式有其独特优势，相比中心化记账，既不容易发生错漏，又不容易让作恶者得逞。区块链网络的规模大大超过老张和小王的村子，区块链账本称为“超级”一点也不过分。

超级账本的概念逐渐泛化，几乎成为了区块链的代名词。为将区块链技术广泛应用于各个行业，应在开放协议和标准、技术框架和方法、服务模块和接口等各个方面进行完善，优化区块链的共识机制、存储方式、身份服务、访问控制和智能合约等功能和性能，以支撑行业应用的开展。

49 区块链是一个超级数据库吗?

首先要弄清什么是数据库(DataBase)?计算机中数据库是专属概念,是用于存储、处理、管理数据的系统,通常容量大、存取效率高。

因此,区块链**不**是数据库。把区块链视为数据库,实际上降低了区块链的价值。区块链更侧重数据存证,甚至不惜以减低存储效率、存取性能为代价。

计算机系统之所以需要数据库，是因为有大量（甚至海量）的数据要处理，包括检索、添加、删除、替换、修改、排序、统计等，区块链系统是一个只能不断新增、之后谁也无法修改的“记录本”，记载能力也十分有限，本身不具有数据处理能力，所以区块链不是数据库。

而且，区块链最有价值的可信存证能力恰恰是数据库所不具备的，区块链为此付出了计算、存储效率低的代价，从这个意义上说，将区块链称为数据库，即使冠以“超级”的名号，某种程度上是降低了区块链的“身价”。

如果“将区块链视为数据库”，很容易导致区块链应用的规划设计偏离正确轨道，因为这表明设计者的思想仍然停留在传统中心化系统的框架内无法自拔，只是在寻找一个数据库的“替代品”而已。规划区块链应用应当充分运用“区块链思维”，把应用需求放到全局区块链网络中进行思考，更好地发挥区块链对等互连、信息流转、全网见证等特质，更好地利用虚拟代币、信息关联、智能合约等手段，才能真正让区块链技术解决需求短板、赋能行业应用。

50 如何提高区块链存储效率？

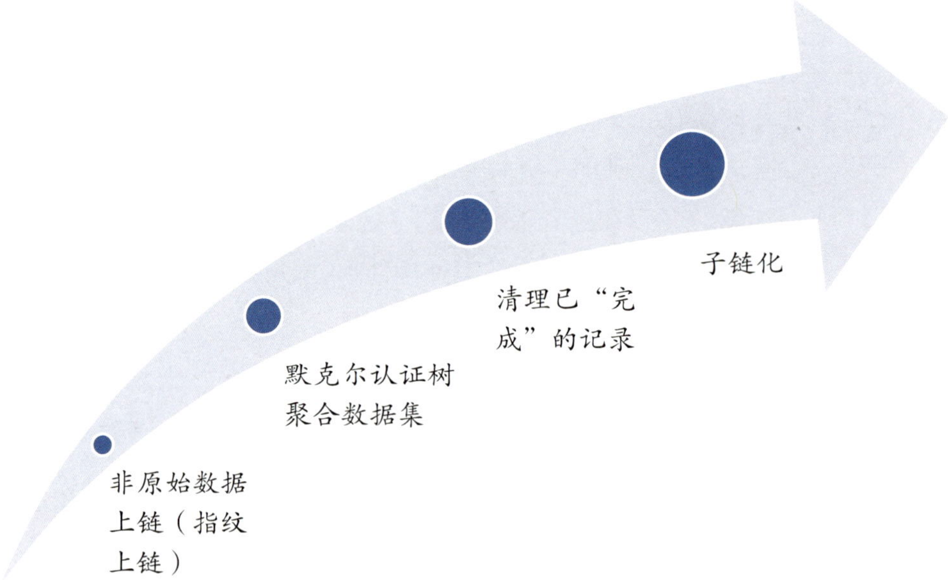

原生区块链系统在每个结点上保存整条链的所有数据，因此数据存储容量取决于单个结点的存储空间，结点越多，存储空间利用率越低

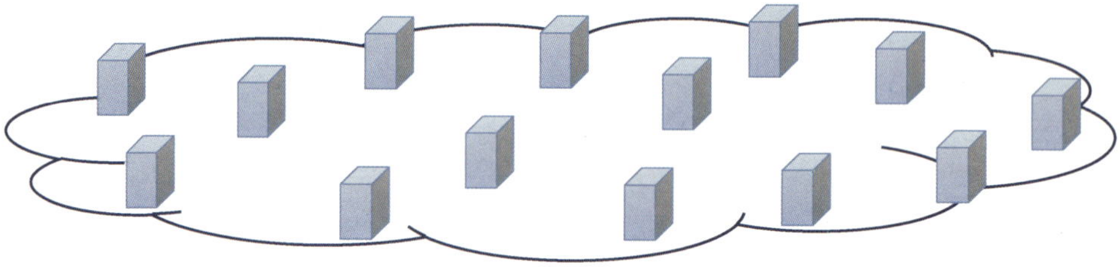

存储效率是区块链技术固有的短板。一方面区块的容量有限，大尺寸的区块不利于全网传播；另一方面共识机制要求全冗余存储方式，使存储能力并不会随结点数量增长而提高，相反，结点数越多、存储效率越低。这是区块链保障数据可信必须要付出的代价，因此很难彻底改变。

但是，提升存储效率还是有多种办法：

- 将原始数据保持在本地或高性能结点上，只将数据指纹信息上链存证。
- 运用默克尔认证树的方法，将一个数据集的指纹信息聚合为一，进一步降低链上数据量。
- 制定一些策略，不断清理历史记录，将不再进行访问、仅有存档价值、已终止的任务、过时失效的信息等转移出活跃资源库。
- 轻量化结点只保存相关数据。
- 某些业务分拆为子链，独立运行，有效降低主链的负担。

虽然数据存储只是区块链的技术细节，但如果处理不当，就会拖累整个系统。比如有些已运行多年的系统，区块存储量已达数百 GB，使众多结点不堪重负。长此以往，从量变到质变，可能演变成灾难。所以，区块链系统应从设计开始就要为未来着想。

第四讲

脉络分明，清晰透视区块链行业

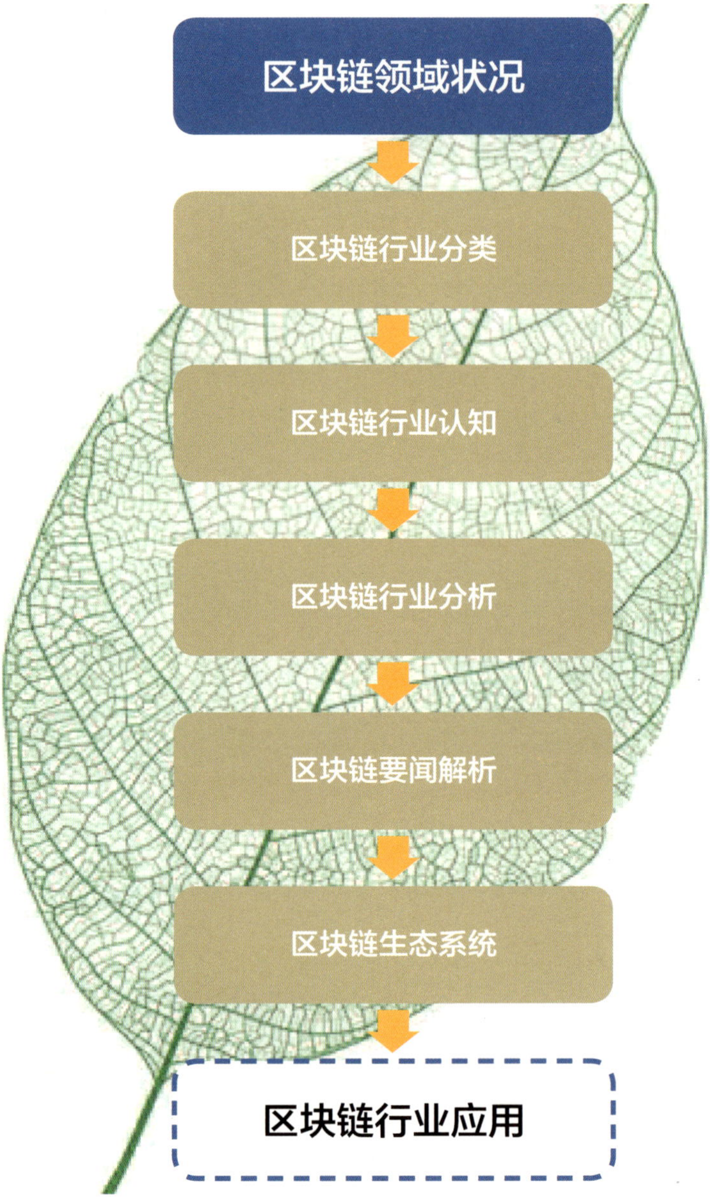
区块链领域状况
区块链行业分类
区块链行业认知
区块链行业分析
区块链要闻解析
区块链生态系统
区块链行业应用

概述

区块链技术虽然具有很强的实现数字货币发行和交易的能力，但是区块链技术的价值绝不限于此。虚火升腾、急功近利的发币、炒币只会严重伤害区块链的声名，因此，准确的行业定位、扎实的应用落地才是区块链的未来。

51 什么是区块链币圈和链圈?

币圈

以虚拟币交易为目的

- 发行虚拟币募资
- 买卖虚拟币

链圈

以区块链应用为目的

- 用区块链改进业务或创新
- 研究技术和提供服务

区块链业界一直存在两种不同的观点，根据工作侧重点的不同，俗称“币圈”和“链圈”。

币圈观点认为，区块链技术来源于比特币，区块链就是应该以虚拟币（通证）业务为主要目的，兼顾承担其他如存证等业务。这方观点坚持虚拟币对区块链系统具有“不可或缺”的重要性，离开虚拟币，失去了激励机制，等于消灭了矿工（记账者、见证人），对全网共识将产生负面作用。所以币圈区块链系统首要使命是发币。然后，为了赋予虚拟币价值，就通过（开设）虚拟币交易所进行兑换法定货币的买卖，导致产生“炒币”等现象。

链圈观点认为，区块链应跳出虚拟币范畴，运用区块链超级账本、智能合约等独特“利器”赋能行业应用，方能更好地拓展区块链技术发展空间。只要共识机制设计得当，没有矿工角色参与也能够实现可信记账，而且如果不再凡事都依赖全网共识，可有效加快记账速度、提升交易吞吐能力。

链圈应用也并不排除虚拟币功能，而是将其定位为代币，用以配合链上业务进行，例如积分、学分、绩点、工作量、代币券等，虚拟币的上链（铸币权）及销毁由业务运营方掌握，可支持法定货币固定兑换率的充值、提现。

52 什么是数字资产？

数字资产（digital asset）并非区块链所特有，但在区块链身上体现最为显著。

狭义的数字资产指区块链所生成、发行和流通的虚拟货币，亦称电子现金、数字货币、加密货币、通证（token）。不管称谓如何，除非是主权国家发行的数字货币，否则就难以被认可和接纳为真正货币。倘若用“有价证券”的眼光来看，虚拟币具备消费、收藏、买卖甚至投资的价值（至少是潜力），属于一种纯数字“标的物”。至于其真实价值几何，就仁者见仁智者见智了。

广义的数字资产则包含但不限于虚拟币，凡在区块链上存证的信息，不论是原始信息本身，还是指纹信息所关联（代表）的链下保存的原始信息，即数据资产（data asset），都属于数字资产。

在互联网时代，人们越来越多的“资产”存在于虚拟世界里，重要如银行账号、股票账户、电子证照、征信记录、社交联系，另外如数码照片、电子邮件、云端文件，对每位拥有者而言，这些数字资产不亚于物理资产，每个比特都有很大价值，甚至是无价的。因此，对数字资产的妥善保存、保护、保全是信息技术的责任所在，区块链技术应能发挥其专长，维护好每个人的数字权益。

53 为什么会存在对区块链的质疑?

区块链行业发展初期，重心是在虚拟币的发行和交易上，因为这能够直接产生经济效益——虚拟币系统开发者纷纷通过ICO筹资、有些用户投资矿机来挖矿获利、另一些用户觉得可以通过炒币而暴富，虚拟币交易所则“顺应”市场而成批涌现。

由于虚拟币背后并没有实体经济的支撑，更没有国家信用背书，因此定价没有依据，造成“币价”大起大落，风险很大，许多人盲目“投资”而损失惨重，产生很多的负面影响。

虚拟币市场鱼龙混杂，很多虚拟币只是借机造势、借壳下蛋，或“克隆”了现有技术，或为“抓眼球”而发布所谓创新技术，是否真的出类拔萃、是否确有发展前途难以客观评判，广大民众更是没有专业能力来辨别，难免坠入云里雾里，于是以偏概全者有之、道听途说者有之、人云亦云者有之。

更有一些不法分子利用了区块链技术的“高深莫测”而行诈骗勾当，实为历史上臭名昭著的“庞氏骗局”翻版，玩的是“钱从这些人手里到那些人手里”的“零和游戏”，不仅蒙骗了许多人，而且搞乱、搞臭了区块链产业，导致整个区块链领域受到质疑。

因此，区块链技术和应用领域的正本清源已是迫在眉睫。

54 什么是 ICO？

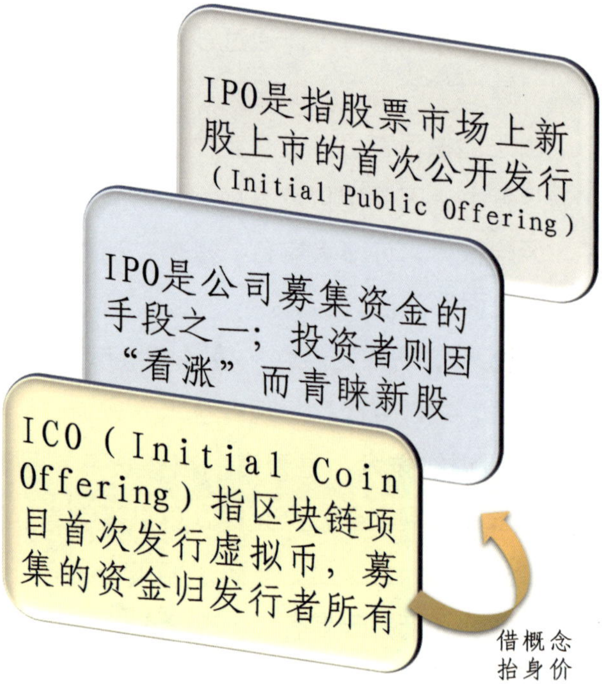

IPO 的定价是根据上市公司的业绩及未来发展趋势
ICO 的定价是“尽可能高到人们愿意相信并愿意买”

对比ICO（虚拟币首次发行）和IPO（股票首次公开发行），仅一个字母之差，很难排除ICO有“蹭概念”之嫌。IPO是股票发行术语，早已深入股民之心，那么虚拟币作为一种新晋之交易标的物，用流行语讲，也想快速“圈粉”。

但事情并没有“营销宣传”那么单纯。虚拟币类似股票吗？ICO是虚拟币版本的IPO吗？

从技术上看，股票的新股可以理解为“一手”的，而虚拟币并没有“首次”或“初始”（initial）之说，虚拟币是源源不断产生的。所谓“首批”虚拟币，往往就是发行方自己事先生成出来的一批，先不论这种行为是否公允，即便可以，也难以解释为何后续产生的虚拟币就不是“一手”的。试想，倘若一家上市公司每天在“输出”新股，这只股票会有怎样的表现？

从目的上看，两者倒是异曲同工，都是以此向投资者募集资金。

从风控上看，股票的背后是上市公司的业绩，包括该公司未来成长潜力、发展趋势，有实实在在的财务报表数据来支撑，而虚拟币的背后几乎一片空白，唯有发行者极力描绘的“美好前景”，归纳起来无外乎是这样一句话：假如参与者（追捧者）多了，价格就会抬高，所以不投会后悔。但没有说出来的话是：假如“假如”不成立，后果是什么。

55 数字货币与电子货币有何区别?

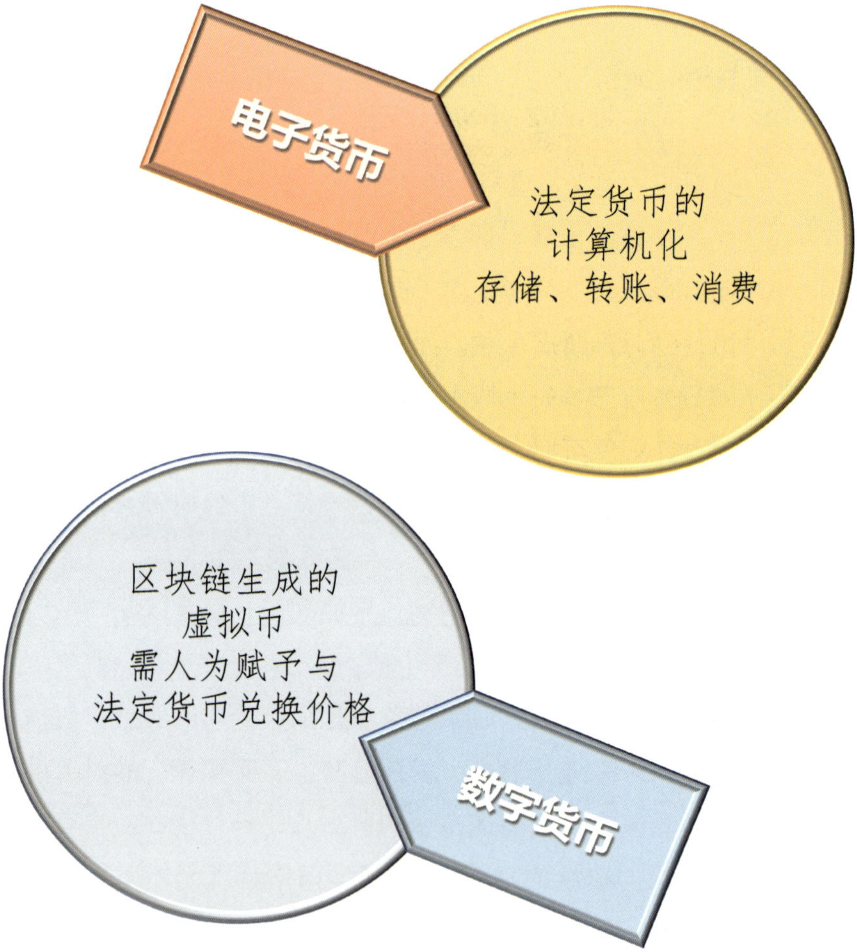

电子货币、数字货币并没有严格的定义，事实上，关于在网上流通、使用的货币和代币存在许多名称：除了常用的电子货币、数字货币，比特币被设计者称为电子现金（electronic cash），后人又称同类币为虚拟货币（virtual coin）、加密货币、数字资产、通证或Token。

所以，关键不在电子货币、数字货币两者的概念有何不同，而在于理解存在两种不同的“币”：

假设电子货币是指现有法定货币的电子化，即指银行账号、第三方支付账户、交通卡钱包等载体中所存有的钱，可以刷卡、刷码、刷脸进行转账、支付，是以传统的中心化系统进行技术支撑。因此，电子货币是法定货币的计算机化的结果。

相对而言，数字货币特指运用区块链技术实现的“货币”系统。这类区块链支撑的“币”又可进一步分为两种：一是由国家主导，将法定货币用区块链技术进行“改造”实现，属于主权货币的区块链化，与电子货币具有相同的法定货币性质，但技术途径、应用方式上存在明显差异；二是由民间发起，用区块链技术发行和使用“货币”，显然这些“币”属于代币性质，一般只能在一个系统内、单项业务内使用（例如活动积分），应用场合通常是受限的。

56 为什么数字货币的价格会剧烈波动？

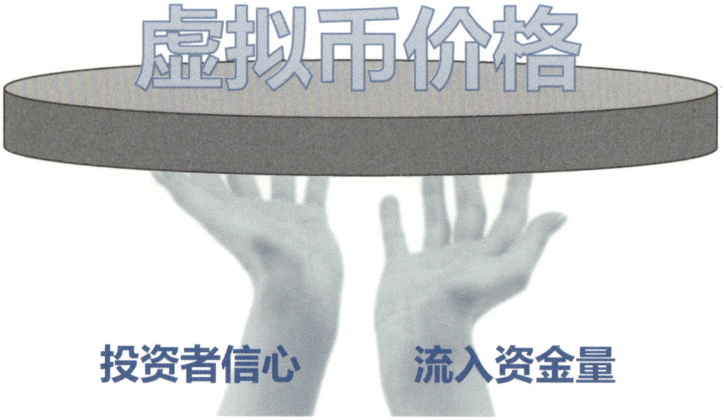

任何风吹草动造成"投资者"信心受挫或崩溃，或资金不能源源不断流入，都可能导致"币价"短时间内断崖式下跌

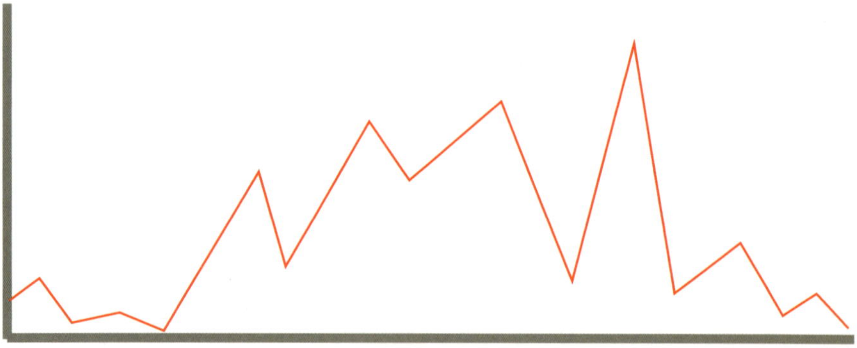

哲人云：世上本无路，走的人多了，也就成了路。虚拟币本无价，买卖的人多了，才有了“价格”。

世人普遍有“从众”“追涨”的心理，新题材一拥而上、新市场一拥而入，催生了大量泡沫。许多投资者启示并没有看清虚拟币（非法定的数字货币）蕴含的风险，其“信心”不是建立在理性的分析基础上，而是建立在“别的投资者的信心”之上。这属于“逻辑死循环”，是非常脆弱的，一旦一个人信心受挫，将导致全体雪崩式信心垮塌。

当投资者纷至沓来、不断炒作，投资者“信心”受到正向激励，虚拟币价格自然就会你追我赶、一路飙升；而一有利空消息风吹草动，很可能就造成一夜间的断崖下跌，风险系数极高。

虚拟币买卖是一种典型的“零和游戏”，完全依赖后续资金的不断涌入托盘，否则前期投资者的收益就失去了来源，因此，入市资金量高低、正负对虚拟币市场的影响巨大。

运用区块链技术的数字货币创建的初衷是用于购物等交易，并非是用来买卖的虚拟商品。所以，不妨回归本源，还区块链以本来面目。

57 虚拟币交易所与区块链是何关系？

虚拟币交易所
不是区块链系统的
组成部分

- 区块链虚拟币系统已构成完整生态，不需要与其他货币进行交换
- 虚拟币交易所是中心化架构，与区块链对等网络设计初衷相悖
- 虚拟币交易所涉及链下交易，区块链不能保障其安全性、可信度

虚拟币交易所既非虚拟币（如比特币）系统的原生组成部分，也非必要组成部分。

虚拟币交易所的出现是为了进行虚拟币与法定货币的买卖，使持有的虚拟币可以变现、套现，使想要持币者可以轻松购买到虚拟币。

用户可以在虚拟币交易所开立账号，存入法定货币，像买卖股票一样买卖各种虚拟币。首先，用户持有的虚拟币都是链下的，即只是交易所承诺用户拥有这些数量，因此用户的“资产”不受区块链系统保护，用户也没有链上虚拟币的自主控制权；其次，从技术上说，交易所可以“虚卖”虚拟币，就是实际持有 10 个币，却卖给用户 1 000 个；再次，交易所是一种中心化系统，游离在区块链之外，与区块链系统的对等性格格不入，两者的理念是相互冲突的。

虚拟币系统已构成矿工（铸币）、交易者（用币）的完整、独立生态体系，并不需要与外界（法币）发生交换关系。众所周知，获得收入的基本途径是付出劳动——挖矿、淘金、卖出商品、工作获得薪金、投资获取利润，可见购买虚拟币并非正常的收入，而纯粹是为了炒币，也使虚拟币“等价交换物”的货币流通属性被彻底弱化了。

58 虚拟币交易所有什么危害性？

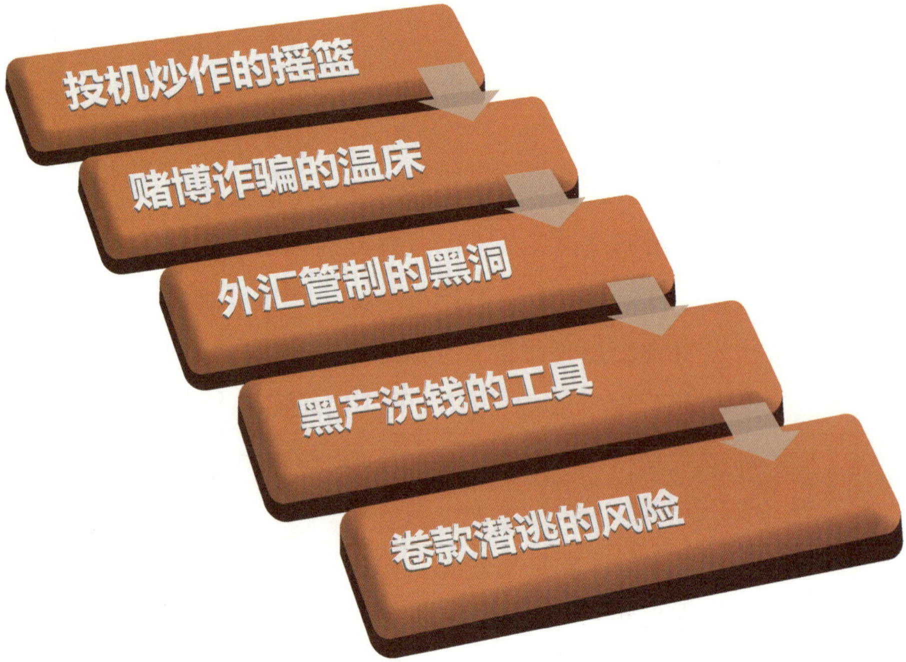

人们常用“双刃剑”来形容一种利器，用对了增强工作能力、提高效率、创造效益，用错了也会产生很大的危险性、危害性。

虚拟币亦如此。由于其使用方便、难以监管，可被违法分子用以黑市交易、敲诈勒索的手段。虚拟币交易所则因为可以套现而完成洗钱操作，事实上助长了这类非法行径。

同时，虚拟币交易所本身可成为一种新的从事“暗黑”交易的场所。虚拟币买卖很容易演变为炒作、投机行为，甚至成为变相赌博工具；不法商家可利用信息不对称、技术不透明引诱人们进行“投资”，实施诈骗活动，一旦人们受骗上当，巨额资金很可能一夜蒸发，让“投资人”血本无归；由于虚拟币交易所可进行跨境多币种交易，有些人为逃避外汇监管，就利用此渠道进行“换汇”，扰乱了金融秩序。

有些国家允许虚拟币交易所存在，但对其运作进行严格的监管；我国则根据本身实际情况，制定了不允许运行虚拟币交易所的政策，这一举措有助于革除毒瘤、挤干泡沫，将区块链产业引导到稳定、规范、有序、健康的轨道上来，有利于区块链技术和应用的可持续发展。

59 虚拟币是洪水猛兽吗？

就像一枚硬币的正反面……

应善用虚拟币

虽然虚拟币炒作曾经引发很多社会问题、引起人们对区块链、虚拟币的质疑，但虚拟币并不是洪水猛兽，而应得到善待、善用。

虚拟币是借助区块链技术实现的一种金融科技创新。虚拟币可以服务于法定货币的技术升级，为货币带来新的承载体——不是金子、银子，也不是纸币、硬币，而是从铸币开始到日常使用全程都是数字，不再需要传统的钱币防伪，与越来越繁荣和普及的网上支付、网上交易更为水乳交融。

除此以外，在非法定货币领域，虚拟币也可以大有作为。虚拟币可以作为活动积分、交易代币，为业务运行助力赋能。例如：同一供应链的上下游企业可直接通过固定兑换率的虚拟代币进行链上快速转账确认，避免繁琐、冗长的银行间结算过程，使业务可以高效运作，只需在需要时进行清算。

虚拟币是一种能力，因此抛弃它不仅很可惜，而且有无谓地“自废武功”之嫌。业界有观点认为，没有虚拟币的区块链系统不利于共识机制的设计和运行，没有激励不利于促进用户的参与度、活跃度。无论如何，只要将虚拟币限定在业务系统内部合规使用，不支持挖矿、炒作赚钱，加强并接受监管，不跨越法律法规“红线”，那么完全可以且应该在业务需要时发挥虚拟币专长，为行业应用赋能。

60 什么是区块链开源社区？

Open Source Community

区块链倡导“共治共享”的理念，由互联网上开发者共同开发和改进软件，推进技术和系统演化。开发者贡献的源代码被发布到社区，其他开发者可以自由获取使用，并继续迭代、扩展、完善。

互联网上有很多开源社区，开发者将自己的软件源代码上传到社区，开放给其他人下载、使用，而受惠于他人源码的改进成果也被回馈给社区，使技术得以完善、扩展和提高。

软件开源的最大好处是凝聚了互联网智慧，开发者不再单打独斗，而是可以相互借力、相互助力，造就了很多像Linux操作系统一样的优秀成果。弱小的开发者可以站在巨人的肩膀上，为人类创造更多财富，而不必凡事从头做起。此外，软件开源后每一行代码都大白于天下，受世人检验，无论什么“后门”、什么“陷阱”统统无处遁形。

区块链技术也不例外，许多出色的系统都是在开源社区支撑下运作的。尤其因为区块链倡导的是对等网络模式，集中式、不透明的开发机构是其极力反对的，而依靠开源社区技术上的推动，不但降低了系统的维护、运营成本，而且促进了系统技术的有效迭代更新，使之更具可持续性。

然而，新的开源社区的构建是有很大难度的。要么能进入“好的技术→吸引他人改进扩展→技术更完善和先进→更多开发者加入”的良性循环，要么能采用“好的系统和奖励机制→鼓励他人参与→扩大规模并提升影响力→汇聚更多人”的正反馈途径，否则开源社区就是一潭死水，是无法“养鱼”的。

61 什么是链改？

链改是利用区块链技术对现有业务进行改进的简称

链改是运用区块链技术的独特能力，如信息存证、防伪追溯、智能合约，对业务进行改造、改进。区块链技术不是用来全面替代现有信息系统构建方法的，而是用在业务所需要的、能够切实发挥区块链长处的一些方面——

（1）补强原业务系统中的短板。例如：原来保存的信息的采信度不足，无法提供信息完整性证明，区块链技术提供的保全能力就有了用武之地。

（2）解决原有的业务系统实施中的难点。例如：因没有从属关系，很难汇集“同级别”部门的数据，则可借助区块链实现对等结点互连互通。

（3）在现有信息系统中开发新的功能。例如：采用区块链技术实现不依赖 CA 中心的数字签名，使签名不会因数字证书过期而失效。

链改的更高级阶段是达到业务与区块链技术的深度、紧密融合，全面、充分发挥区块链技术优势，促进业务转型升级，比如形成新的业务增长点，从而创造更大价值。

对于新起步的企业而言，区块链技术也是创新、创业可以采用的手段之一。

62 为什么需要重视区块链基础链?

区块链基础链就像操作系统、数据库之于程序运行、数据存取，是区块链 Dapp 应用的根基。区块链基础链所采用的技术和特性决定了应用的效果乃至成败。数据上链后，一旦发现基础链存在问题，修正的代价非常高昂。

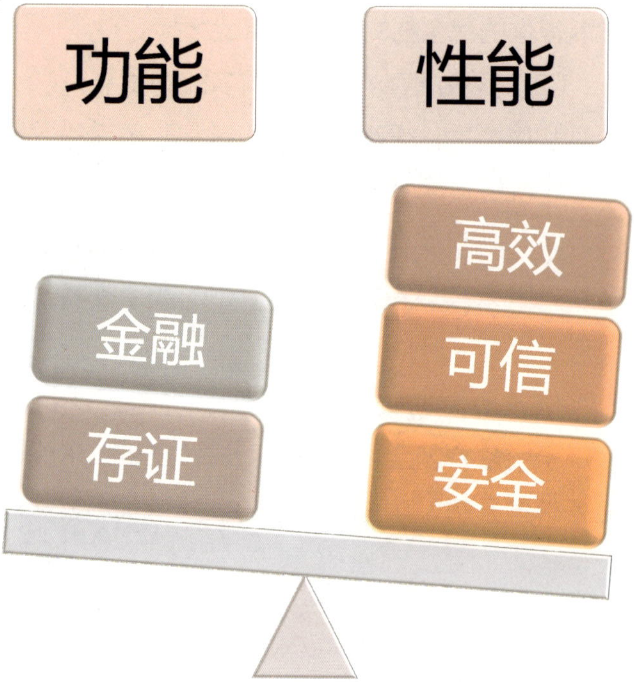

区块链基础链是Dapp系统运行的“引擎”，业务系统依赖基础链工作，整个系统的功能、性能、特性也是由区块链的能力所决定的。

任何计算机上的软件都是在操作系统环境下运行，由操作系统能力来支撑，如果操作系统“不给力”，应用软件必然会受到连累；再比如，信息系统一般都要配备数据库，实现数据读写、存储、处理，如果数据库“掉链子”，信息系统不可能运行顺畅。区块链基础链亦然，其能力的优劣高下与Dapp系统的表现息息相关。

尤其是区块链系统极富特点，一种业务通常需要区块链具备某几项突出特质，比方说有些Dapp特别依靠区块链的金融功能，而有些Dapp则更强调大量信息的保全，有些对区块链交易的实时性很敏感，有些需要确保信息全程安全可追溯，那么对区块链技术的设计需求就有很大不同，换言之，区块链技术并不能“拿过来就用”，而是要根据业务来作出选择。

从掌握核心技术的角度来看，相比Dapp开发，区块链基础链更为关键，好比是电脑之CPU芯片、飞机之发动机，假如不能够自主可控，不仅在技术上处处受制于人，无法按需定制，只能委曲求全，而且要承受随时可能被停更、断供的巨大风险。

63 可以在公链上构建 Dapp 应用吗?

可以，但需谨慎

- 成本低，周期短
- 技术成熟性经实践考验
- 具备较完善的开发支撑
- 结点数量较多，可信度高
- 可利用公链的金融功能

- 不可根据需求定制
- 难以保障峰值资源需求
- 信息全网公开
- 业务扩大后迁移困难
- 一旦有问题将损失惨重

公链是最早的也是发展得较为完善、数量较多的区块链类型。相比之下，私链、联盟链是在公链技术上衍生出来的，许多方面还有待探索、验证。

因此，在现有公链上构建 Dapp 应用不啻为一种直接的、可行的方案。公链的结点及其网络往往具备一定规模，有利于保障链上信息的可信度；公链的技术经过实际运行验证，具有较强的可靠性；基于公链的开发支撑环境构建 Dapp 应用较为便捷、便宜，可实现应用快速落地、见效；假如业务上有需求，还可充分利用公链的虚拟币的金融功能。

尽管基于公链开发 Dapp 有诸多好处，但还是需要谨慎行之。由于公链并非为某一种 Dapp 定制开发，即便技术特性完全满足需要，共享资源的方式决定了其不可能单为某个 Dapp“开绿灯”，因此在上链峰值等情况下就会产生瓶颈效应。尤其当 Dapp 业务爆发式增长以后，假如所依赖的公链资源难以为继，则会陷入两难境地——继续使用则业务必然受到很大影响，而要实施迁移则会发现成本极其高昂。

此外，公链上的信息是公开的，公链结点通常遍布全网（可能包括境外），不排除存在恶意结点，当数据安全性要求很高时，应注意评估是否存在导致信息泄露的可能性。

64 什么是区块链生态系统?

1

自成体系的区块链金融生态系统

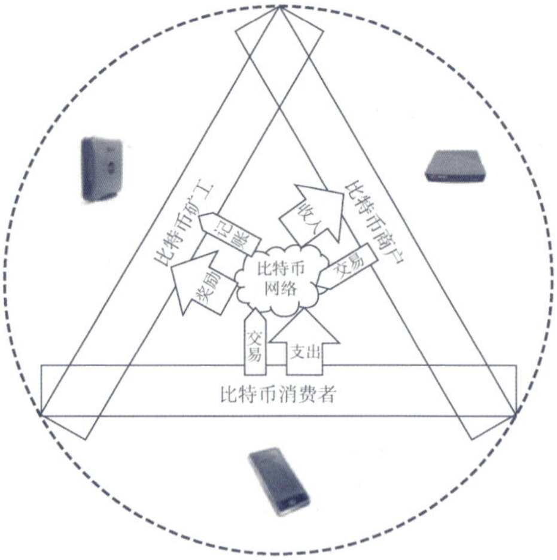

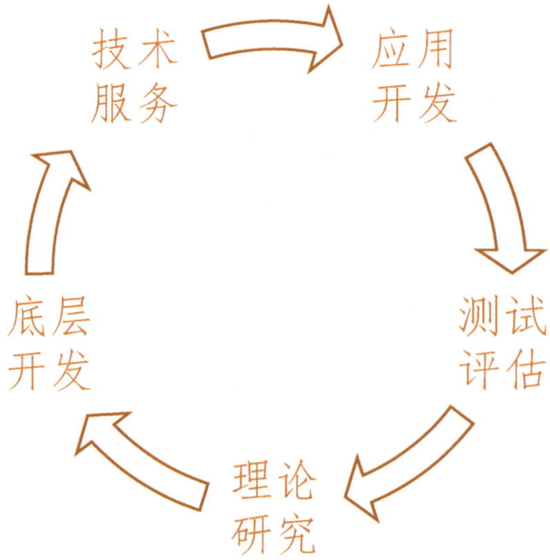

2

良性循环的区块链应用生态系统

对于区块链应用，应当用生态系统的眼光来观察、用生态环境的尺度来衡量。倘若一个系统可以对外部系统有较少依赖性，而是可以内生性、相对独立性发展，说明其更完整、强大和健壮，好比地球生态系统、人体生态系统。

区块链领域有两个生态系统：一个是运行的区块链系统，另一个是支撑区块链系统运行的体系。

区块链系统可看作是“小生态系统”。在这个系统内，各结点组成对等式网络，矿工挖矿铸币、共识记账，交易各方相互转账使虚拟币（或存证信息）在链上流通，各司其职，持续运转，可以不需要与其他外部系统进行数据交换。

区块链产业可看作是“大生态系统”。其中有理论、算法研究者，有底层技术及核心系统开发者，有技术咨询、设计、集成服务者，有行业应用需求者，还有技术测试、评估者，各个方面形成供需产业链，相互间提供支撑力、推动力，并反过来形成启发性和促进作用，激发区块链产业的繁荣。

从这样的角度来看，假如一个区块链系统（或产业）需要像一个“无底洞”一样投入资金、人力等资源才能勉强维持运行，则说明在总体规划上可能存在不合理性，必须动一动手术了。

65 区块链是否安全？

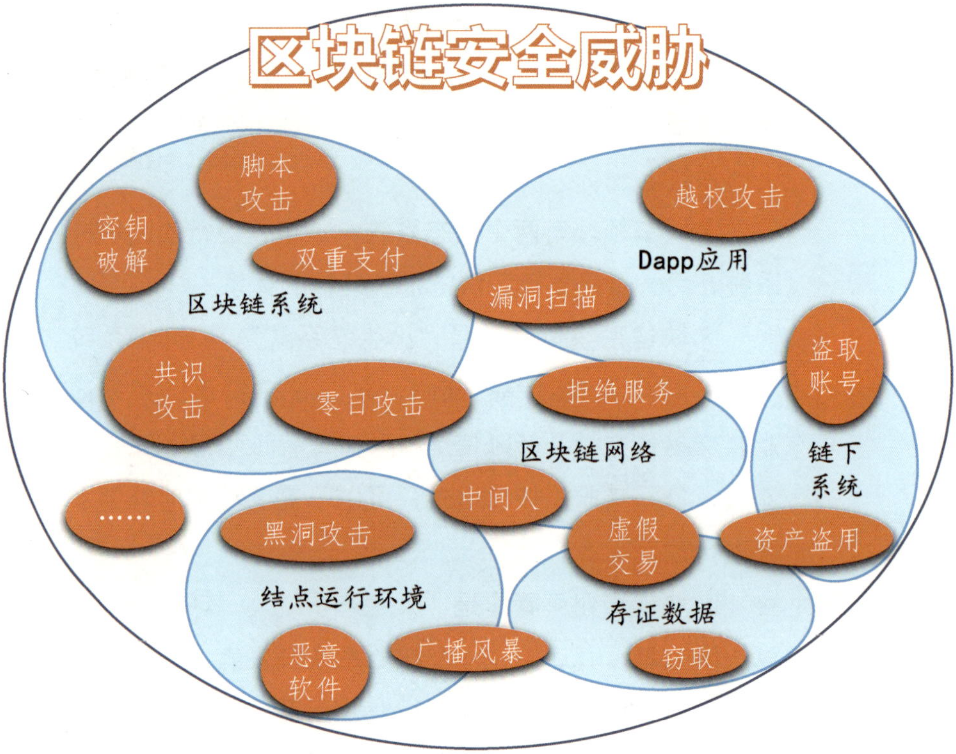

不存在绝对安全的系统

安全威胁针对本身或外部环境

安全永远是相对的，不会一成不变

有金融功能的区块链更易受到攻击

区块链是一种信息系统，与其他所有信息系统（包括硬件、软件、固件）一样，都会受到网络和信息安全方面的威胁、攻击。

首先，虽然区块链运用密码学技术构建了可信计算体系，但是并不能说就会因此滴水不漏、固若金汤。网络安全威胁无处不在，从区块链运行的网络环境、计算机系统，到区块链本身、Dapp 应用，都可能会遭到攻击。例如，比特币公钥地址与私钥签名机制确实具有防盗能力，可是如果手机被植入木马，钱包软件被控制，则同样会造成资金被盗。很多区块链系统都管理着可观的数字资产，一旦链上数据富有价值，必然会吸引攻击者的“特殊关注”，假如安全防范不到位，安全性就只能凭“运气”了。

其次，安全性不是一成不变的，安全与否会随时间不断变化，今天的风平浪静不等于明天的高枕无忧。因此，需要不断研究安全防范技术、更新安全防御手段，以应对瞬息万变的安全态势。

最后，区块链技术的独特性决定了其具有不同于其他信息系统的安全性需求。例如某些攻击就是针对区块链智能合约的漏洞，某些攻击专门扰乱区块链共识机制运行。所以，应根据区块链系统的技术架构来构建有效的安全保障体系。

66 一个结点的区块链系统可以运行吗?

可以。但几乎完全丧失了
链上数据的可信度,
且效率还不如传统系统

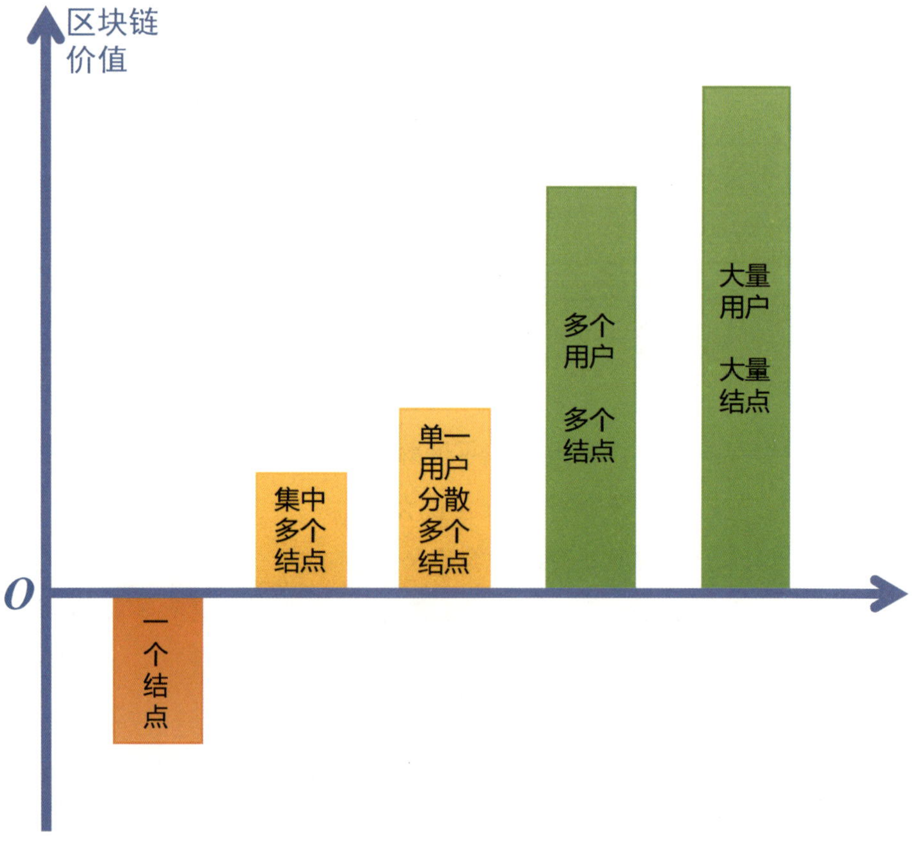

很多时候，我们往往过于关注区块链的技术，比如是否有算法上的创新、是否有很快速的上链性能，但是很容易忽略区块链系统的部署状况。

有些“欺世盗利”者就是利用了这一点，在自己的一台电脑上运行了一个区块链系统，就宣布说“发币”了。事实上，人们很难发现其中有诈。

所以说，一个结点确实可以运行区块链系统，但显然这样的“区块链”根本没有任何意义。有的企业号称建了一条私链，细究下来是在自家机房（或租了云主机）布了三台电脑，宣称有“多个结点”，其实与原来的中心化系统没有什么差别。

我们知道，区块链上保存的信息的可信度来源于全网共识，而共识有两个必要条件：结点数量、结点独立性。倘若结点数量太少，受劫持、干扰的风险较大，共识就很难保证健康运作；倘若结点属于少数人所有，就存在串通作恶的可能性，不论是有意为之，还是遭受攻击，这样环境下的“共识”就不太能让人信服了。

因此，区块链系统不但要注重技术研发，同样必须注重结点部署，应有意识地让结点掌握在更多用户手中、分布在更广大区域，提高链上信息可信度，同时增强区块链系统健壮性。

67 如何理解区块链系统隐私保护?

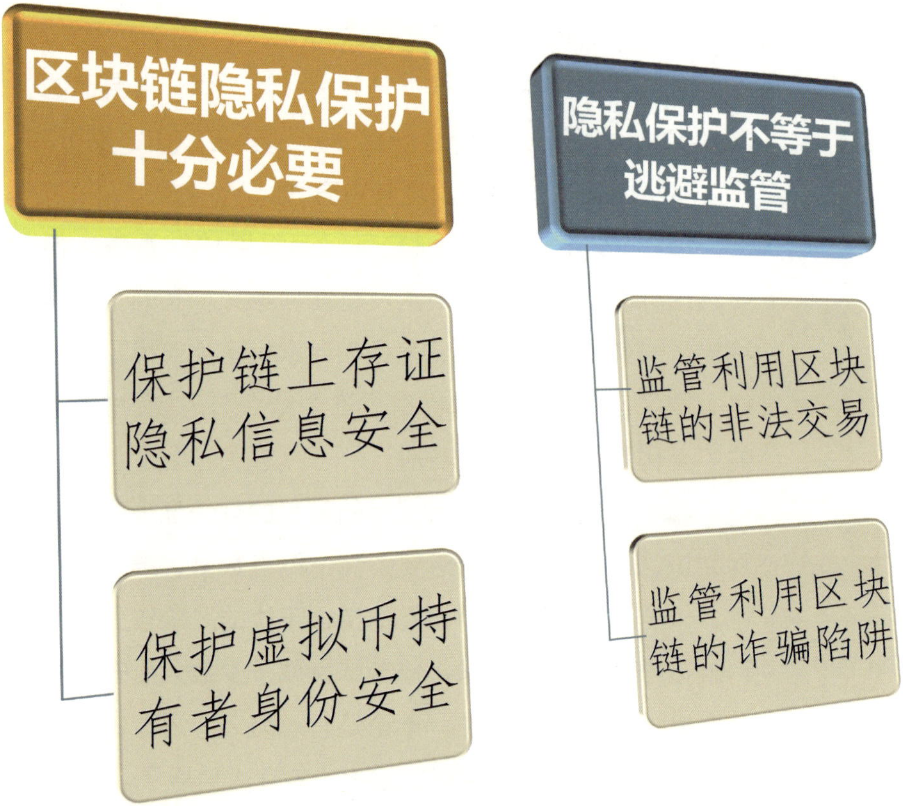

隐私保护是区块链系统（也是所有信息系统）的重要职责之一。区块链系统采用的匿名公钥地址策略、指纹信息上链方式等都是保护信息持有者隐私权益的技术途径。

隐私保护可防止信息（或资产）持有者身份泄露，同样也可防止信息内容的暴露。区块链上发布的信息通常是完全公开的，所有结点、所有用户都可获取链上的每一条记录，因此，记录中留存的信息应当越少越好，比如运用“零知识证明”原理，只需保证信息真实性可验证，不需要将信息本身和盘托出，否则区块链就变成为“公告栏”了。

但隐私保护不能被滥用，比如用来作为逃避监管的手段。监管并非是窥探隐私，而是防止（或威慑）作恶。确实存在黑产利用虚拟币进行交易和洗钱、骇客将虚拟币作为敲诈勒索的工具，一方面是区块链行业乱象（如虚拟币买卖）所致；另一方面正说明区块链技术（包括监管技术）不够完善，还无法起到有效遏制恶行的作用。

可持续性发展的、健康的区块链系统应当是既能切实保护链上信息隐私安全，让人放心上链，又能在需要时发挥监管效能，达到扬善除恶的目的。

第五讲

枝繁叶茂，着力开拓区块链应用

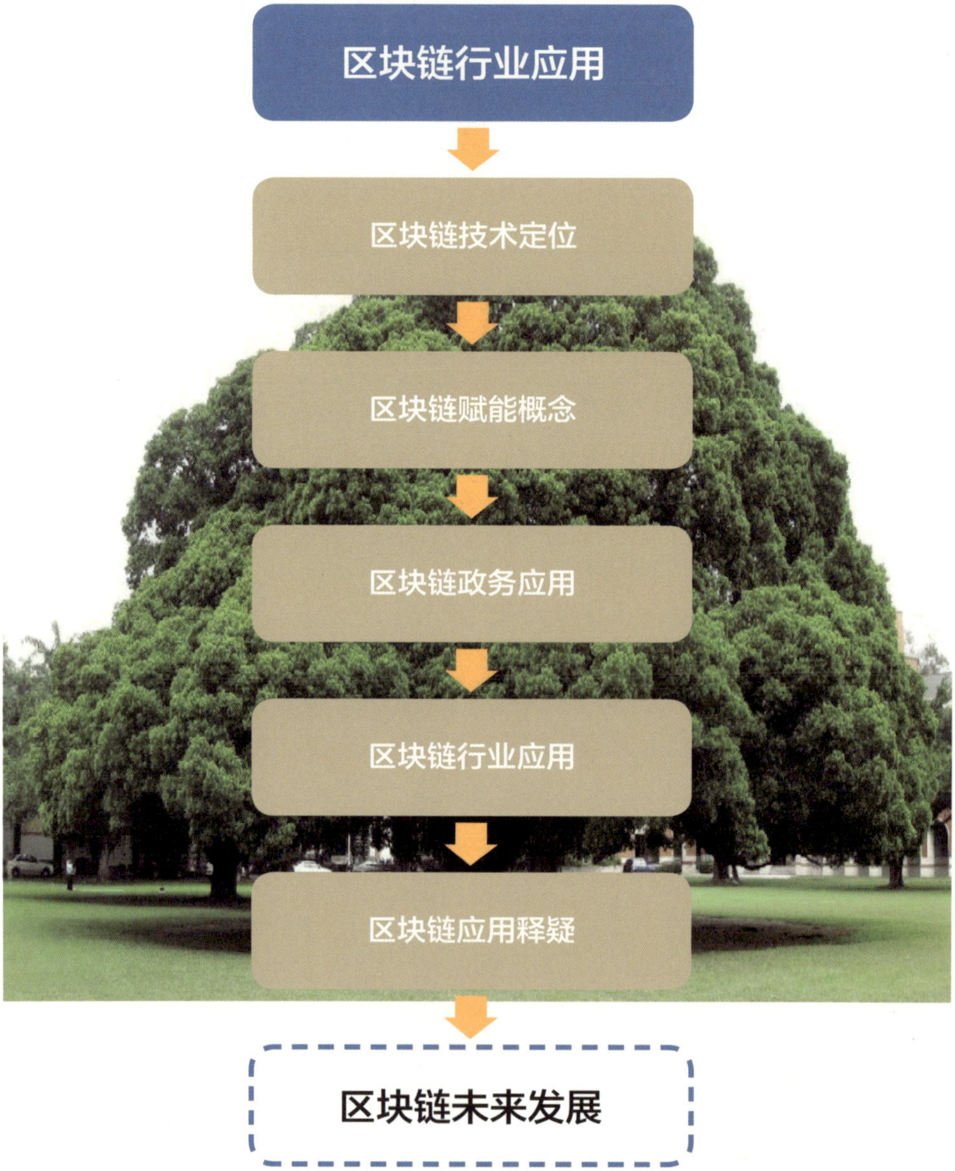
区块链行业应用
区块链技术定位
区块链赋能概念
区块链政务应用
区块链行业应用
区块链应用释疑
区块链未来发展

概述

区块链是互联网上诞生的创新技术之一，经过实践、提炼、完善、发展，已脱胎换骨为信息化应用的基础技术，与现有技术形成互补，共同为应用开发赋能。基于区块链技术的应用可促进各个行业领域的创新创业、转型升级。

68 区块链是新一代互联网吗？

区块链提供信息可信存证和可信交互，有别于当前虚假信息泛滥的互联网

但区块链终究只是互联网上的应用之一，技术不在同一层面上，因此新一代互联网说法并不恰当

区块链是“新一代互联网”的说法可能源自人们对互联网积弊的不满。互联网在带给人类便捷、高效、价值的同时，其流毒潺潺、危险重重的另一面往往遭人诟病，因此人们心底里非常希望有一种技术能够让互联网摇身一变，变得“完美无瑕”。

可惜“这种”技术不是区块链。区块链技术固然能够在互联网上实现可信计算，实现信息的可信交付、可信存储、可信获取、可信处理，但是区块链并不具备像互联网一样通用的信息互连能力。

区块链仅仅是互联网上的创新应用之一。

同样的情形曾经发生在20世纪90年代诞生的Web技术身上，当人们惊喜地发现其应用价值巨大后，也纷纷誉之为“新一代互联网”。之后光环褪去，技术归回到本来面目，Web技术才真正找到自己的位置，在信息系统构建中独当一面。

所以，过早给区块链“册封”不仅没有意义，而且可能妨碍其尽早找到准确的定位。好比看到一个孩子擅长画画，就断言他是“毕加索第二”一样，或许他是“贝聿铭第二”呢?

69 什么是价值网络?

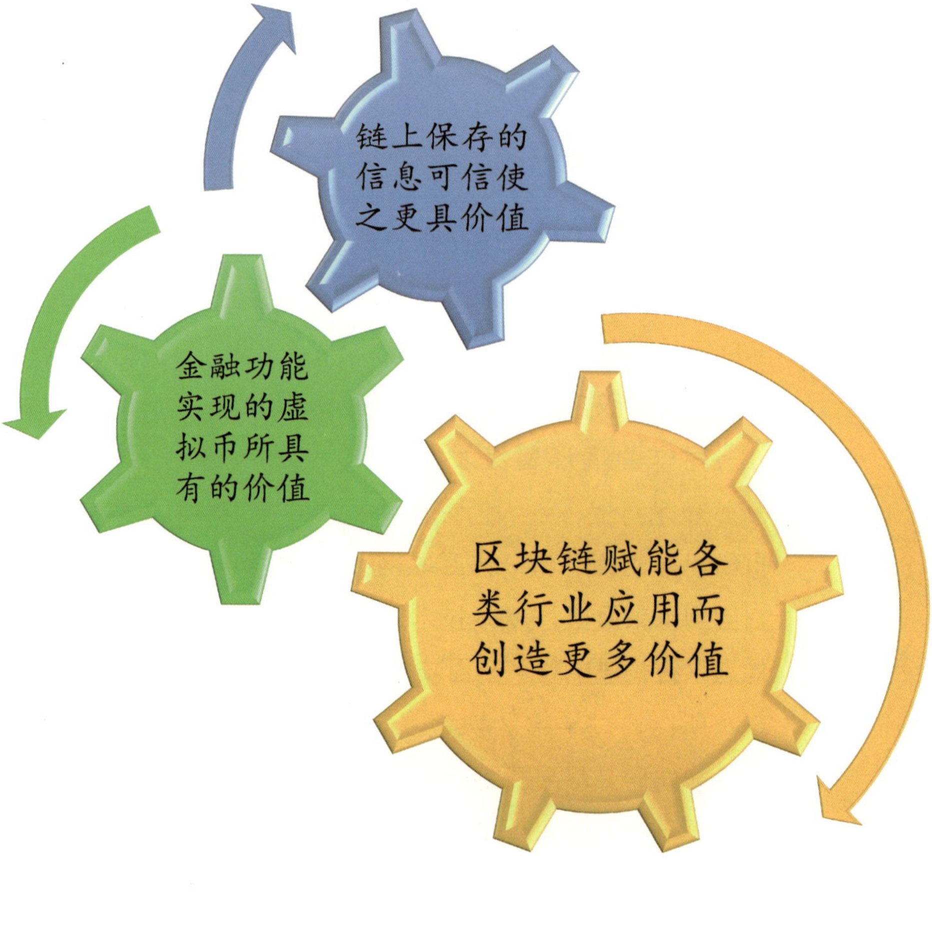

人们对区块链技术及其能够为人类社会产生的贡献赞誉有加，从不同的角度给予不同的“封号”，譬如“价值网络”。

区块链技术在对等实体框架下实现了数字货币的生成、发行、流通，是新一代的金融科技。区块链有能力支撑一个国家的主权货币体系，当然也可利用虚拟币实现行业或企业用于业务操作的代币系统。从这个意义上说，区块链数字货币可以被赋予应有的价值（价格），理所当然可被称为价值网络。

不仅如此，区块链系统经过不断发展，成为可信地保存信息（或信息特征）的网络载体。在不依靠集中式管控、不依赖相互间拥有信任关系的前提下，区块链仍然可以做到全网对链上信息的一致认可，使存证信息成为人们所持有的数字资产，可确权、可转移，比单纯的虚拟币蕴含更大的价值。

再进一步，在区块链技术的赋能下，各行业领域进入新一轮技术革新期，通过链改，可补全短板、解决难点、疏通堵点，实现业务转型升级、创新创业，由此可为社会创造更为巨大的价值，将区块链称为价值网络的确名副其实。如果将区块链数字货币比喻为露出海面的冰山尖，那么其他能力就像海面下的庞然大物，更多的价值还需要我们逐步去发掘。

70 什么是“区块链 +”？

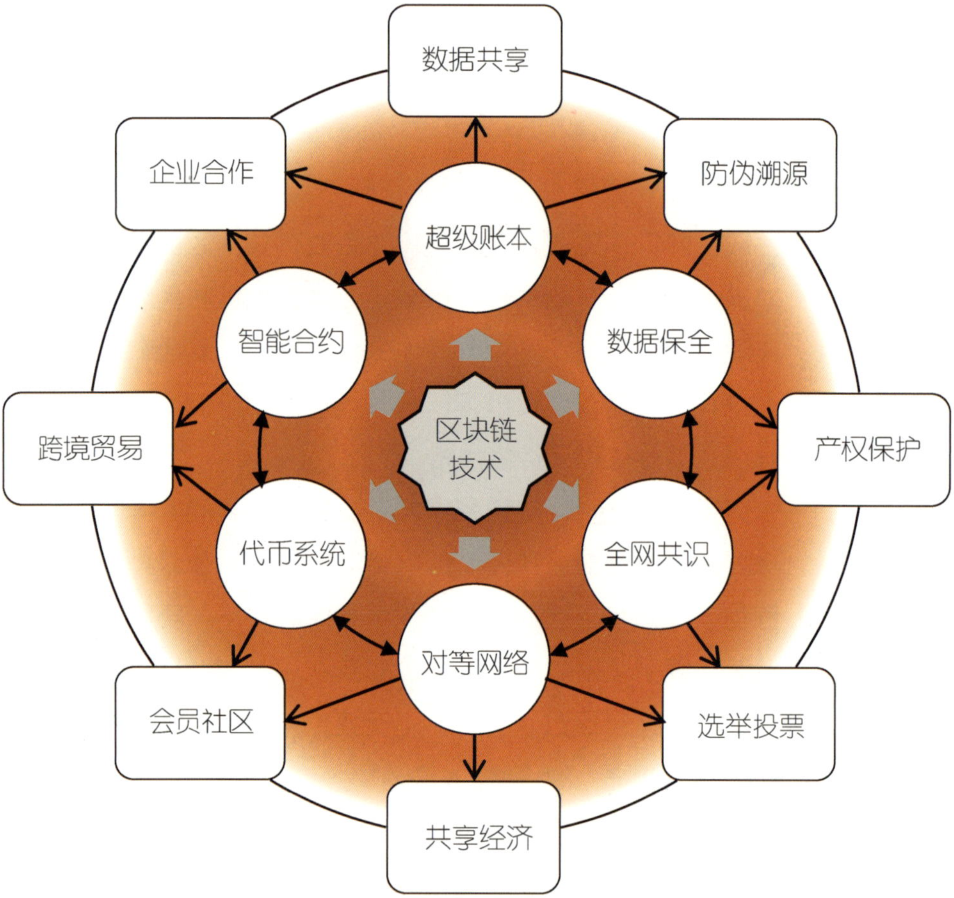

运用区块链技术及其特性
为行业应用赋能
实现转型升级和应用创新

国家在多年前提出“互联网 +”战略，运用网络科技为政府部门及各行各业提升业务、管理、服务、决策能力，成效有目共睹。

当区块链技术横空出世，与云计算、物联网、大数据、人工智能一样，我们也应充分认识到其战略意义，将区块链摆到桌面上认真审视，仔细琢磨它究竟会如何影响自身业务的当下和未来。

将区块链技术与业务进行碰撞、融合，进行业务革新或创新，就是“区块链 +”。

例如结合区块链智能合约和虚拟货币能力，可跨过一些复杂的中间环节，提升跨境贸易的资金周转效率，使业务更为流畅，扩展贸易规模；再例如利用区块链对等结点的全网共识能力，可形成新的选举投票模式，在更为广泛而松散的群体中，使民意得到直观、真实、全面的体现。

“区块链 +”就是在深刻理解区块链技术及其特点的基础上，将区块链的某些技术能力作为“支柱”，通过全局的谋划、合理的设计、精心的构建，共同支撑起业务“大厦”。

71 区块链技术是应用的万能钥匙吗？

运用区块链思维、区块链技术有助于解决行业应用中的短板、痛点

但区块链有其长处和弱点

不是所有应用场景都适合

区块链并非应用的万能钥匙

例如：超级交易系统的峰值吞吐量可达每秒数十万笔，而比特币系统只有区区 7 TPS，目前最快的区块链系统也仅有 1 万～2 万 TPS，明显差距很大

清醒、清楚地认识区块链技术能够起的作用非常重要。以偏概全、一叶障目、犹豫不决自然不可取，大吹大擂、头脑发热、一哄而上同样非常有害。

区块链技术不是解决业务问题的万能钥匙。一把钥匙开一把锁，区块链有其独特的长处、优势，也有与生俱来的短处、弱点，只能用以解决其擅长应对的信息化问题。

在区块链技术的实际应用中，应当深入理解区块链技术本质、全面掌握区块链技术特征，以应用目标和需求驱动技术，而非为了用上区块链技术而去生搬硬套。就好比拿到一把锤子，看什么都是钉子，那就贻笑大方了。此外还要避免为了“商业目的”而“蹭热点”“炒概念”“贴标签”，这些都无法持久，对自身和产业都会产生很大伤害。

区块链技术的运用不是非一即零的生硬关系，许多时候也许无法用区块链替代其他技术实现整体应用，但可以在系统局部发挥其作用和优势，比如只为重要数据提供分布式存储和保全功能，或只在决策环节提供共识表决功能。将好钢用在刀刃上，才是应用区块链技术的正确思路。

72 区块链与应用是什么关系？

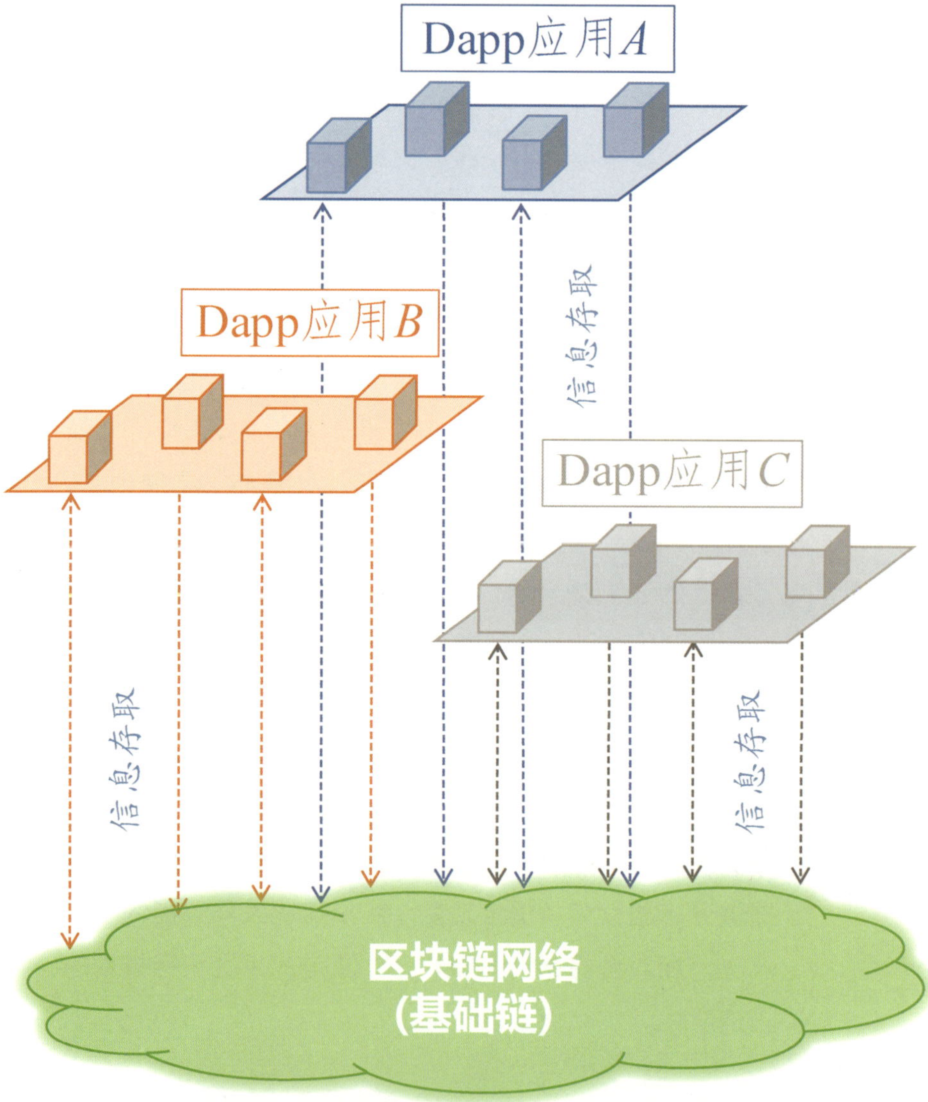

一个区块链网络可服务于多种Dapp应用

区块链是为应用赋能的一种信息化技术，与应用间是“一对多”的关系，一个区块链网络可以支撑多种同类型应用。

区块链是一种底层技术，就像操作系统或 IP 网络，本身并不能产生实际效益。区块链只有与某一项应用目标进行结合，好比在操作系统上安装一个应用软件、在 IP 网络上运行一个应用协议，其意义和价值方能体现出来。

每个行业都有各自鲜明的特点，对信息技术的诉求必然侧重点不一，既考验技术的通用性，又要展现不同场景下的灵活适应能力。区块链技术就具备这样的特质，问题在于要找到与行业应用的契合点，以充分发掘区块链技术潜力。

建立一套规模化的区块链网络十分不易，投入巨大。通过 Dapp 客户端的扩展可以同时部署多个不同应用，以充分利用宝贵的区块链资源。区块链并非只能支持单一的业务类型，利用区块链及 Dapp 系统的信息识别、过滤能力，比如区分应用标识符、使用不同的密钥，可构成 Dapp 应用矩阵，一个区块链网络基础链就可支撑起多个相互独立运行的 Dapp 应用，或者说多个不同 Dapp 应用可共享同一个区块链网络的同一条链，可有效优化投入产出比。

73 区块链如何促进行业转型升级？

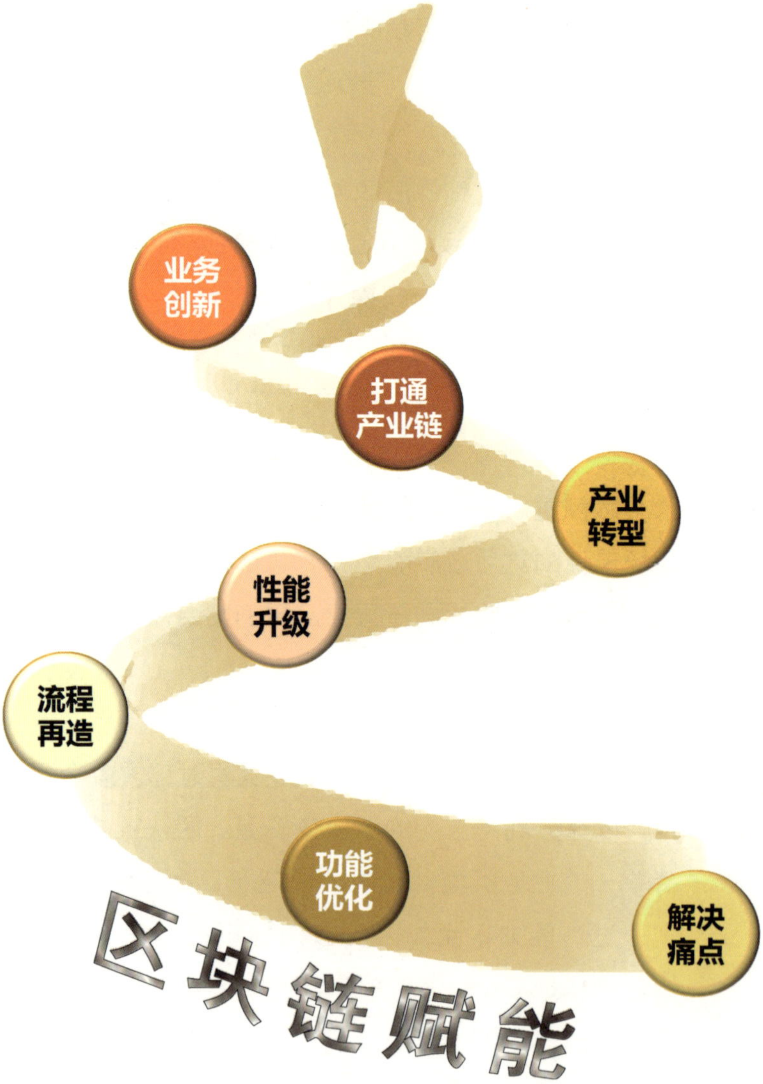

行业发展风云变幻，各行各业每时每刻都在发生着变革，新旧更替、大浪淘沙。尤其在这个数字化时代，如果不采用先进技术加持，或产品落后市场、或反应迟钝不进则退、或遭遇竞争对手降维打击，后果可想而知。

区块链就是这样一种能够为各行业转型升级赋能增效的技术。用好了区块链技术，业务可能就会迈上新的台阶，实现跨越式发展；忽视或误用区块链技术，业务可能就会逐步落后乃至被市场所淘汰。

区块链技术在行业领域的应用及其发展遵循螺旋式上升的客观规律——

第一步通常用区块链技术来解决现有的难点问题，改进已有系统，取得初步成果、积累链改经验。

踩稳了第一步，就可“刀尖向内”，进一步进行流程再造、能力升级，巩固和扩大链改成果。

第二步由内到外，联动合作伙伴，打通上下游产业链，发挥区块链技术优势，实现跨领域、跨区域协作和规模化发展。

最后一步可运用区块链技术的支撑力进行业务创新，开拓蓝海市场，持续引领行业发展。

74 区块链如何为创建智慧政府赋能？

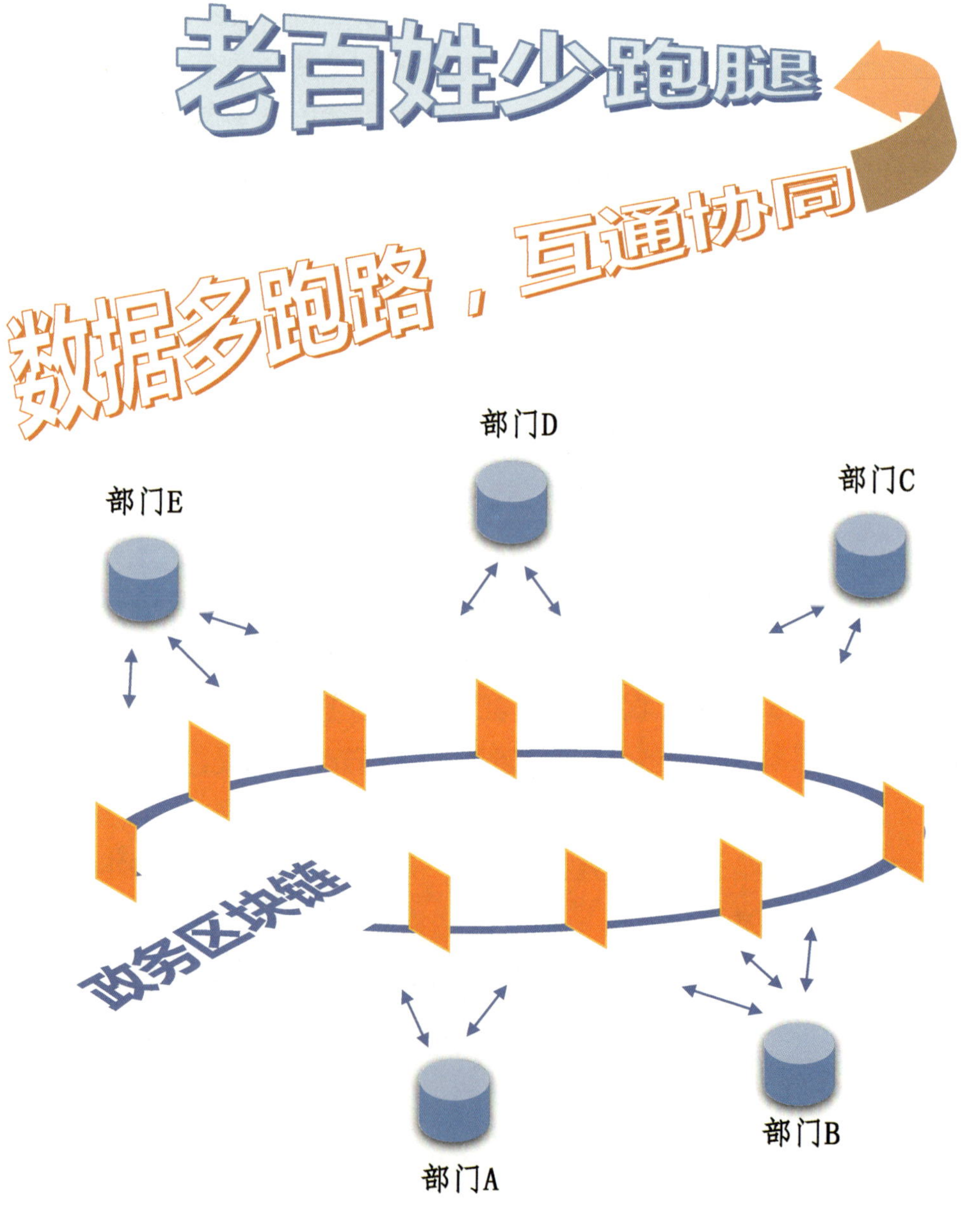

智慧政府的效能主要体现在服务能力上。政府内部治理、城市治理的最终目的就是让个人、法人具有获得感，使市民生活更轻松、营商环境更优越。

一直以来，政府服务最突出的问题是慢、散、繁——流程冗长，效率不高；部门众多，职能不清；办理复杂，跑动不便。症结主要在于普遍存在的信息孤岛、数据烟囱现象，影响数据的互连、共享，妨碍业务的协同、联动。

因此，为了让百姓少跑腿，首先要让数据多跑路。特别是在政府内部的数据治理、流程再造方面，区块链技术能够发挥对等互联、数据存证、隐私保护、授权共享等作用，协助政府部门实现跨条线、跨层级数据（如电子证照）汇集和流转，既有利于实现串联、并联审批业务，又直接减少甚至取消了纸质材料的递交，为在线办理奠定了扎实的基础。

智慧政府造就了多赢的智慧城市格局：数据的全域流转打破了政府部门间的壁垒，消除了不必要的中间环节，线上、线下办事窗口的效率提高了；老百姓能够感受到的就是负担明显减轻，也许在手机上动动手指即可，不需要再为办事难而愁眉不展了；企业运作效率提高、成本降低，增强了营利能力，最终为城市增添发展动能和运作活力。

75 区块链可以替代大数据中心吗？

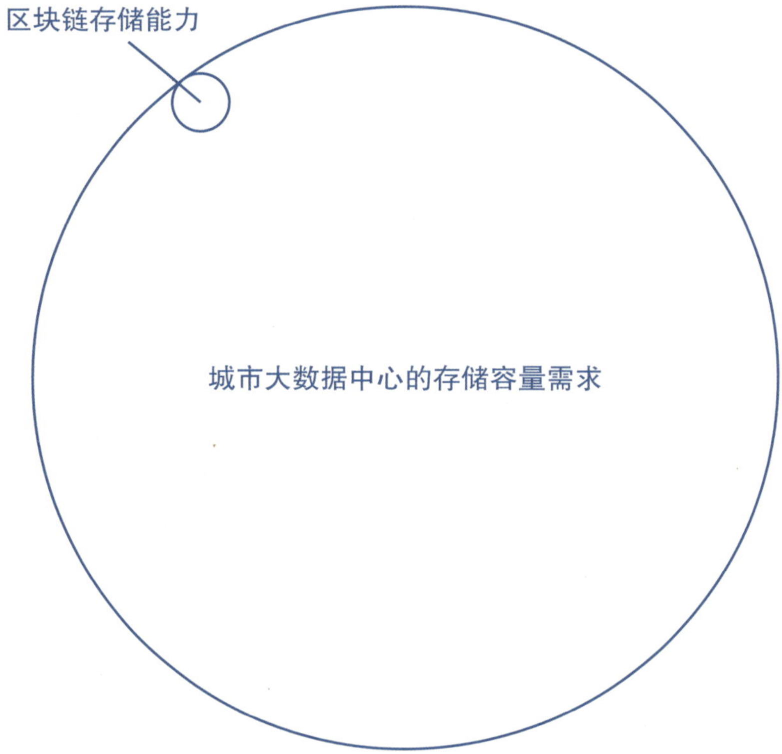

城市大数据中心是政府汇聚各部门产生和使用的各类数据的平台，存储需求量以PB级计，而区块链系统存储能力通常较弱，差了多个数量级，检索、统计等数据处理能力更为缺乏，因此是无法取代目前采用的中心数据库架构的。

城市大数据中心通过物理集中或统一管理、分布存储方式聚合各类数据，包括个人和法人身份信息、电子证照信息、办事审核信息、账务财务信息、公共服务信息等，数据保有量、更新量、新增量都很可观，而大容量存储并非区块链技术强项。

但是，区块链技术也有其用武之地。城市大数据中心通常保存和维护的是最新信息，不关注变化历程，区块链可以弥补这一缺失，为数据提供过程记录和回溯能力；虽然政府部门具有较强的权威性和公信力，但从法律层面上看，有些数据仍然需要保全机制以具备采信度，则区块链堪当此任；对一些不适合物理集中的中间数据、实时数据，区块链可实现状态上链发布和跨部门共享。

可见，区块链技术可以在政府治理、城市服务的数据采集、处理、使用过程的某些场合中发挥重要作用，是对城市大数据中心能力的补充和扩展。

76 区块链如何进行防伪溯源?

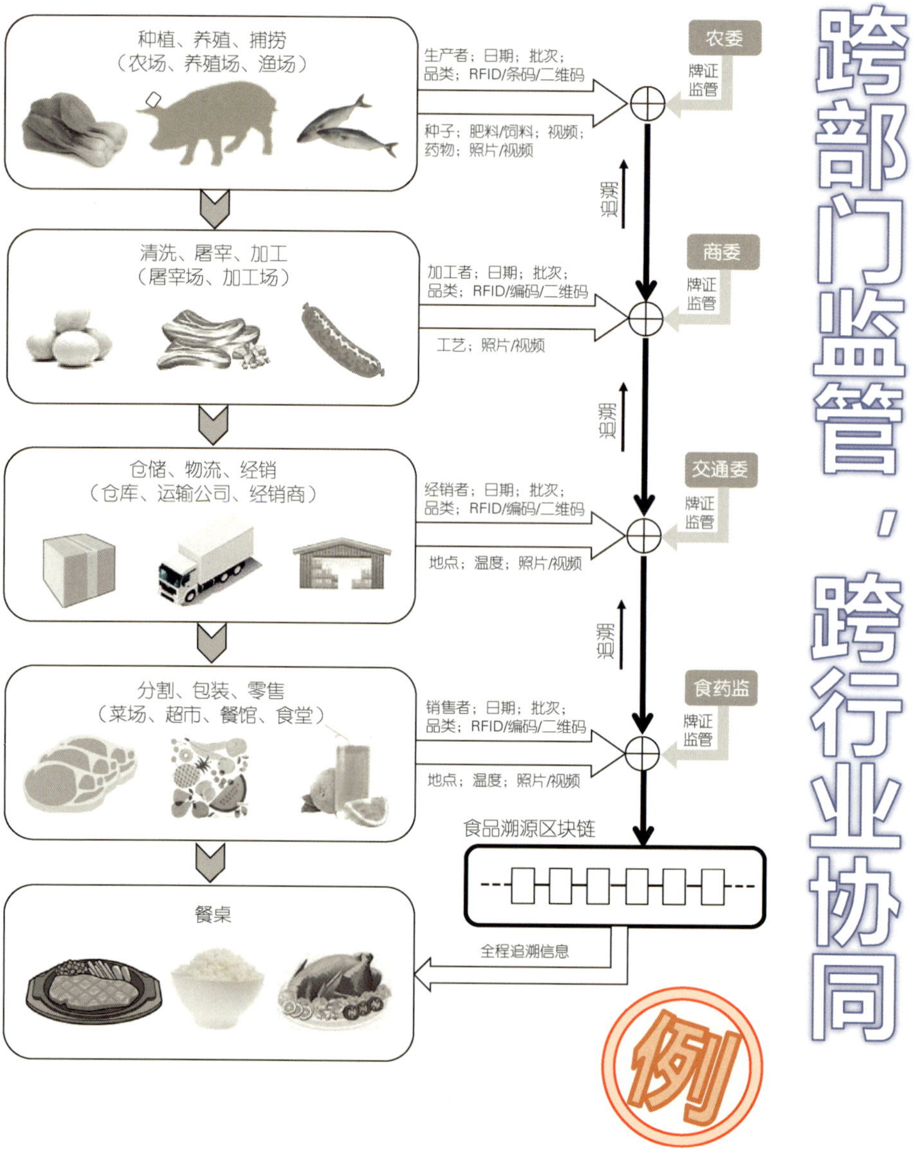

受暴利诱惑和驱使，制假售假层出不穷、此起彼伏，成为社会毒瘤，让人深恶痛绝。然而，假冒伪劣产品虽如过街老鼠人人喊打，“打鼠”却不得法。

药品、有机农产品、放心猪肉、高档烟酒、奢侈品、收藏品等都有防伪需求，有的用二维码、RFID 等技术手段进行防护，但总是存在这样或那样的安全漏洞。在全产业链防伪溯源体系中，痛点一是中心化系统监管方式，容易被人为因素所左右甚至操纵，二是标准不统一，上下游数据无法建立关联性，难以形成连续不断的数据链，三是监管部门（机构）、行业企业众多、关系复杂，很难协调运行。

以农产品全生命周期监管为例，运用区块链技术可以联动食品产、供、销产业链上的大量实体，贯穿每一个环节、每一道工序、每一箱货品。即使编码标准不一致，只要进行简单的链上记录级联（如这 8 个不同的二维码标签标记的肉块都源自那个 RFID 标签标记的生猪），即可汇集为互为关联的客观数据集合，构成可信、可审计的分布式账本，形成完整的“从田间地头养殖场到百姓餐桌”的食品安全追溯体系。

77 区块链如何为公证和司法服务？

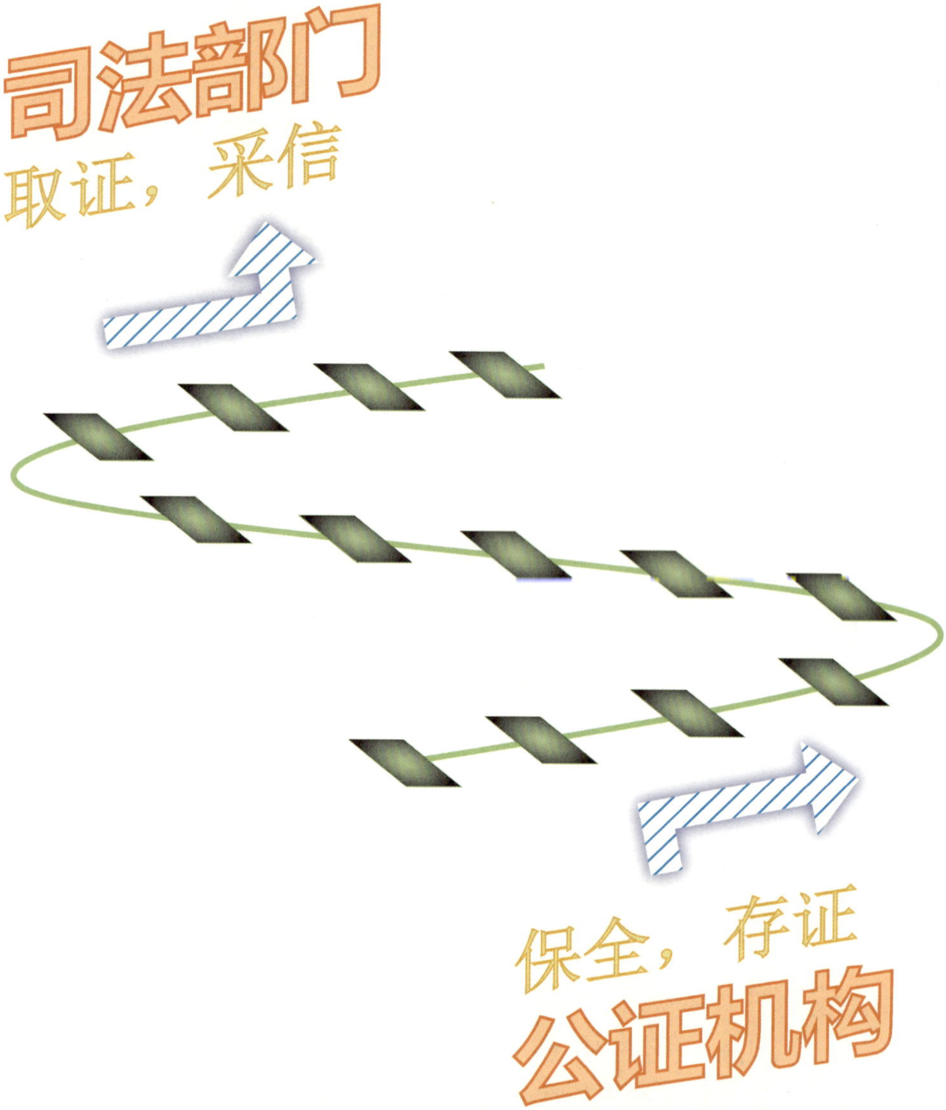

公证、司法等业务中，最关注的无疑是证据的有效性，即采信度。

其中公证是对证据的保全。公证机构对事实和文书的真实性、合法性予以证明，身份、财产、文凭、合同、证据、医疗记录等都是公证的内容，从委托办事、出国签证到遗产继承等用途广泛。但传统公证服务存在手续繁琐、处理低效等痛点，也不完全适合数字化信息。区块链技术则有助于维护用于安全存管、基于时间戳记录的数据账本，可同步完成存在性证明、完整性证明、所有权证明，可提高数据证明过程的透明度，在明确权属的同时节省成本、提高效率。

司法则是对证据的认定和使用。运用区块链技术存证的信息，具有很强的防篡改、防伪造、易确权、易追溯等显著特点，可信度高，因此可被司法程序所采信。如果司法部门本身就是区块链网络的结点，则不仅取证更直接、高效，而且由于参与了存证过程，使证据更具说服力。

78 区块链如何应用于慈善救助?

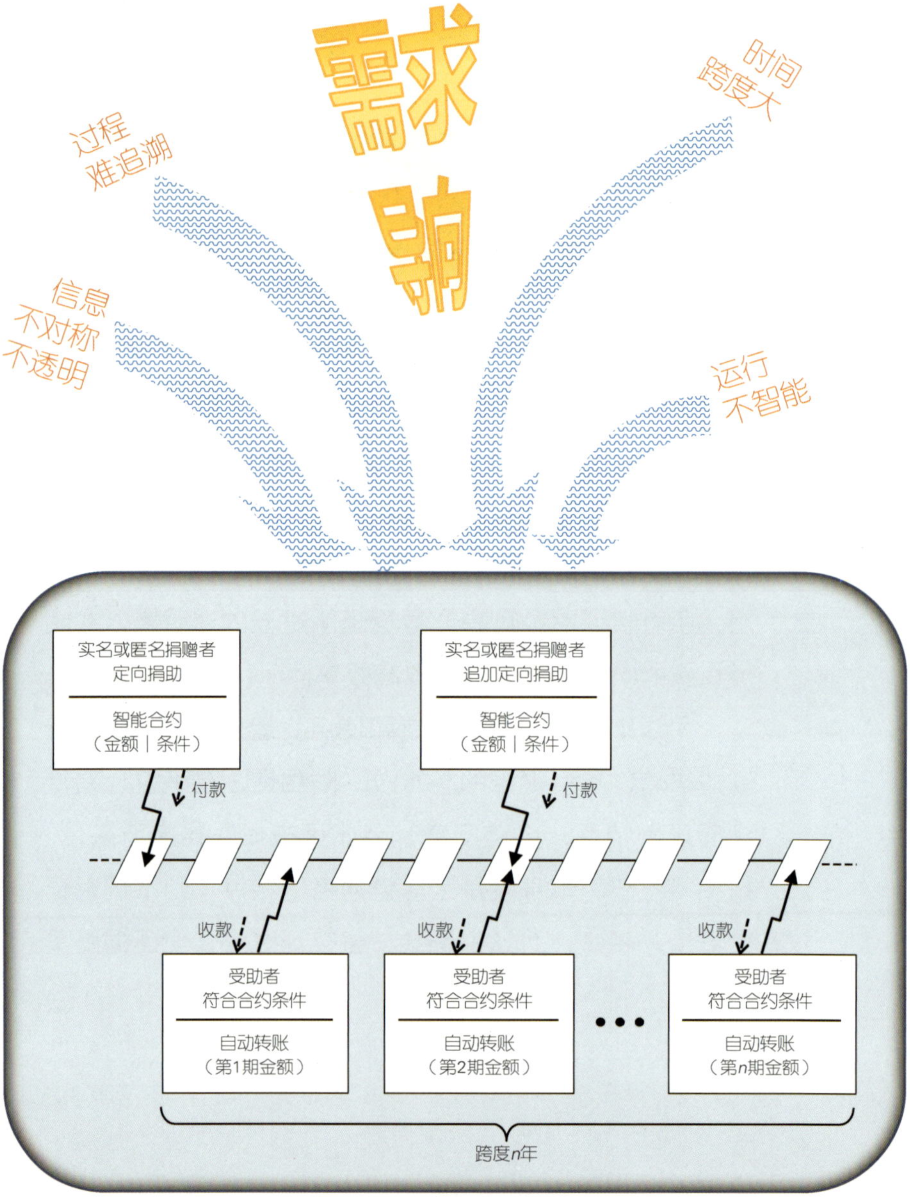

在人们生活水平提高后，捐款捐物表达爱心会成为一种常态。然而慈善捐助领域存在一些乱象，使慈善机构的公信力受到质疑，另外编故事骗捐事件也时有发生，严重伤害了人们的善心。

一种观点认为应当利用区块链分布式记账和智能合约功能实现“去中介化”，跳过慈善机构，使捐助者和受助人直接对接。在某些特殊情况下或许是可行的，但不具有普遍意义，因为捐助者并不都懂慈善、缺少时间和精力、无法评估受助人状况等，另外，区块链系统也需要投入一定成本由团队进行技术维护，所以有专业机构的参与（即使由此产生一定的管理费用）实际上十分必要。

区块链技术可以为慈善行业贡献的主要是必要的信息披露，即在隐私保护前提下保障信息透明度和数据完整性，账目公开、可审计，从而提高可信度。

在此基础上，区块链技术可提升慈善公益项目的运行能力，实现善款精准投放，避免人工操作的低效性和人为干预的随意性。以定向捐赠为例，运用区块链智能合约可为捐赠者设置指定的条件，比如受捐者要求是哪个地区的小学因贫失学儿童、要求属于哪一次自然灾害的救灾工作或灾民安置等。使用区块链技术不但可以让符合条件者“自动”获得捐助，而且可以跨多个年度分阶段执行。

79 区块链如何支撑共享经济应用？

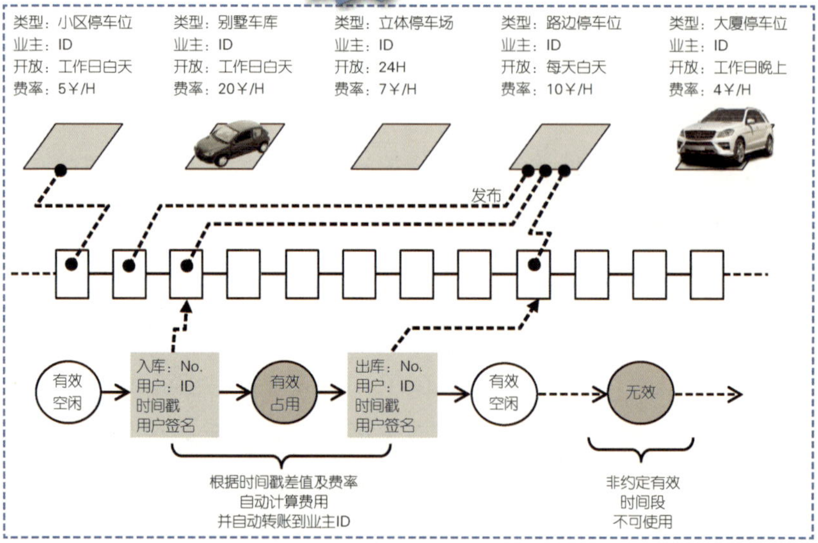

区块链实现分散资源汇集和智能操作

解决资源结构性短缺问题

共享经济是指通过资源（主要是实物资源）重复利用而创造经济效益的模式。根据资源的来源和归属，共享经济可分为两类：一类是共享资源统一由商业企业或政府提供，比如共享单车、共享电动汽车、共享充电宝等；另一类是共享资源由参与者提供，互为供需关系，比如共享（拼车）出行、共享度假屋等。

互助型共享经济既可让闲置或利用率不足的资源发挥更大价值，又可让持有者获得额外收益，更令人感兴趣。然而，来自每个用户的资源可谓五花八门，没有一致的规格、没有稳定的状态，难以集约化管理。这种情况下，区块链技术可以发挥分布式、自主性的专长，利用智能合约技术，实现资源的发布和自助获取。

以“共享车位”为例，城市机动车停车位往往存在结构性不足、时段性不足问题，白天商业停车场爆满而小区停车位富余，晚间恰好相反。解决方案是：共享车位区块链管理“停车券”（虚拟币）；用户可在区块链上发布自己拥有的停车位的地点、类型、空闲时段、费率等信息；需要者自行发现并获取，若不满足条件就无法解锁资源输出，若发生竞争则借助区块链共识机制解决；根据占用和归还的时间戳很容易计算使用时长，停车位业主自动获得停车券转账收入。

80 区块链如何从事知识产权保护？

知识产权的保护对于鼓励创新非常重要，包括发明专利、著作、影视、摄影、书画作品、设计稿、电路图、软件著作权、商标等，如何让权属人方便及时地对自己的创作成果实施保护、如何进行有效的司法举证等，一直没有得到妥善解决。

区块链技术首先可以满足对实物或数字化的各种知识产权类型进行保护的需求，其次利用区块链可以实现几乎实时的、无差别化的、可确权和溯源的、自主操作的知识产权存证。但不用担心因为要保护权益而公开信息或暴露隐私，因为上链信息可以仅为名称、版本号、权益人、简介（或缩略图）、时间戳和数字签名等属性信息，而原始数据由知识产权所有者存储保管，需要举证时即可使用链上信息进行交叉验证，谁先谁后、谁原创谁抄袭一目了然。

运用区块链技术实现知识产权保护的另一个“额外”收获是可以扩展知识产权交易功能。利用区块链金融能力，技术上无需脱链即可实现知识产权或其使用权的转让、转移，更可盘活知识产权，使之更多、更快地发挥应有的价值，并有效激励创新者。

81 区块链如何助力公共信用体系?

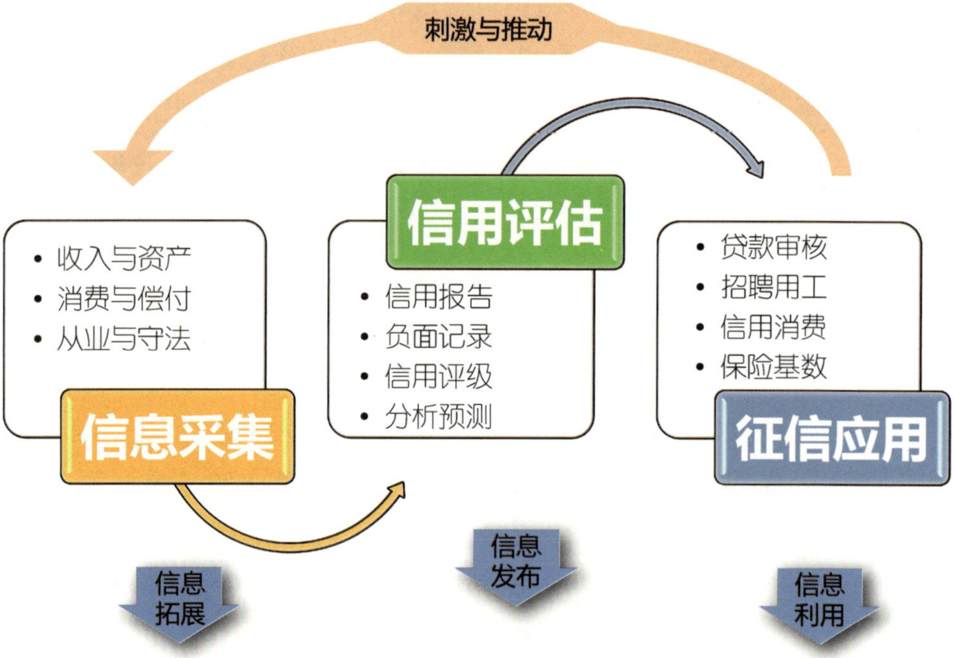

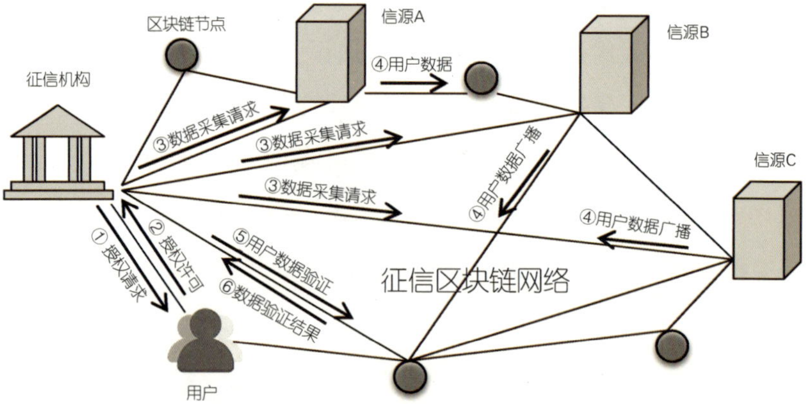

区块链技术具有很强的信息聚合和保全能力，正是许多应用系统所需要的技术核心和基础。例如征信系统，是贷款发放审核、保险基数制定、招聘用工决定和合作关系建立等所必需的。有通过评估个人或法人在资金存贷、消费能力、账单偿付等方面的行为而建立的金融信用等级，有通过采集个人或法人各个方面的负面记录（如违约）、不良和失信行为（如违章、违法）而形成的社会信用状况，包含不同维度，具有不同来源，数据类型各异，因此需要运用不同采集手段来采集信息。

区块链技术其一是实现征信系统联盟体内大量源端信息授权汇集的方案；其二对等互惠解决有些信源不愿提供数据而又想获取第三方数据的问题；其三可运用数字签名和公钥加密等安全机制防止信息的非授权泄露；其四区块链工作量证明及共识机制保障了采集到的信息具有不可伪造、不可篡改的可信度。

在区块链网络上，征信机构经过用户授权许可后，才能获取来自各个信源的用户相关数据；用户信息可进行多源交叉验证；在区块链系统中广播的信息只有用户的地址属性，不会泄露用户隐私；信源仅发布摘要信息，原始信息需经授权方可查询；征信机构可向区块链各节点验证数据的真实性，在自身节点中即可对用户数据进行追溯、生成信用报告，信息完备、内容可信和处理高效。

82 为何区块链有益于跨境贸易？

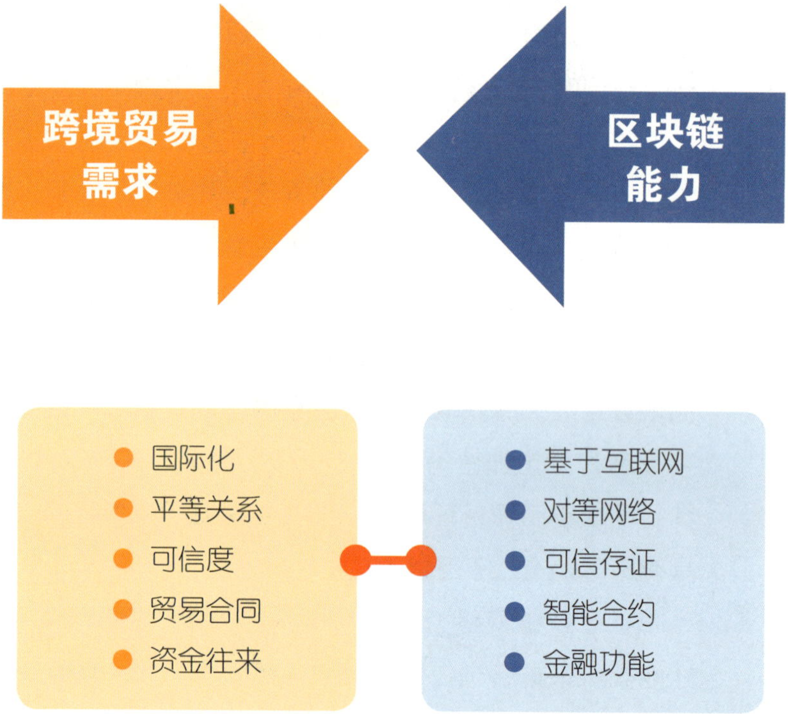

全球性贸易日益繁荣，小到 C2C、B2C 海淘网购，大到 B2B 飞机配件跨国转运，从线上交易到线下物流，无不依赖快速、高效、可靠的跨境贸易体系。而这一领域的几个痛点是交易方之间缺少信任、信息不对称、环节和标准众多而难以统一（更难以集中）、流程复杂及响应（包括结算清算）缓慢。

基于区块链的供应链与金融科技的结合无疑是一种解决之道，可在掌握充分信息的基础上使供应端直接对接需求端，实现不依赖信任关系的可信交易，并缩短产品订单成交周期，有效减少供应链反应时间。供应链金融则围绕核心企业、覆盖上下游中小微企业，可打通贸易与融资环节，获得商业银行、保险理财公司等资金端的支持。区块链技术所构建的供应链体系可在一定程度上解决信用评估难、融资成本高、汇票等融资手段限制大、资金端风控成本居高不下等问题，区块链所特有的金融功能还可搭建票据平台，与供应链金融业务结合，实现票据融资、签发、拆分、统计、清算、结算等功能，比如实现数字票据在多方见证的情况下，公开透明地进行快速支付和快速拆分，让核心企业的信用向供应链的上下游传递，开创供应链金融新模式。

此外，区块链还可在跨境贸易中实现由授权经销商背书进行正品防伪验证、合法销售渠道溯源、多币种支付及退税等。

83 区块链如何改进政府公共服务？

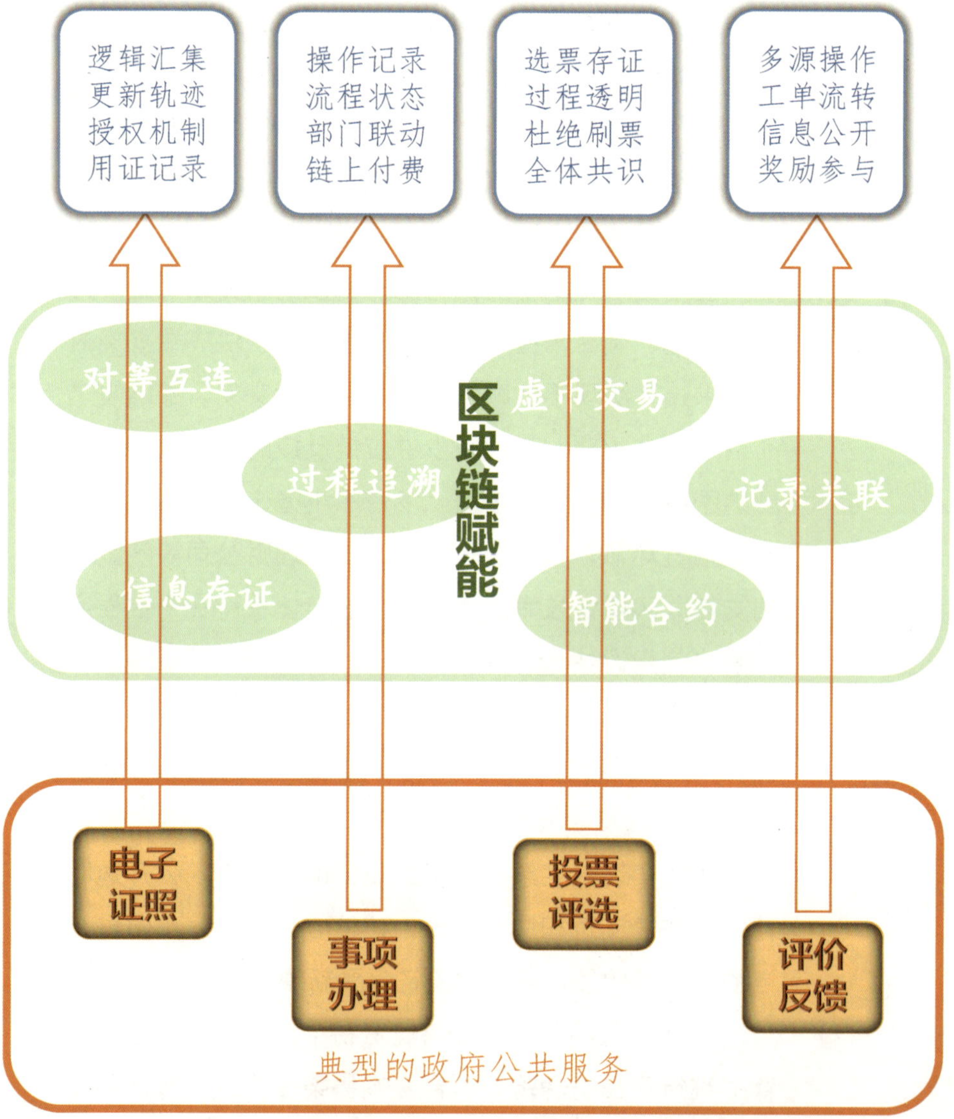

电子政务是信息时代政府治理、运行的基础，并为个人、法人提供完善、便捷的公共服务。

充分发挥区块链技术各方面优势，可为政府公共服务的数据资源汇集、服务功能扩展提供支撑，提升服务质量和能力。例如——

（1）运用对等网络互连有利于聚合、共享来自各权威部门的电子证照，通过元数据存证，实现电子证照可更新、可检索、可防伪、可追溯，并可利用电子签名、群签名技术进行确权和授权访问。

（2）利用链上记录间输入输出关系，有助于实现政府办事并联或串联审批、办事流程及状态发布，利用区块链金融能力还可实现政府办事所需在线缴费的链上支付。

（3）借助区块链对等结点与共识机制，可实现用户分布广泛的评选、投票、民意采集，满足身份真实、信息公开、过程透明的要求。

（4）通过区块链超级账本、智能合约应用，联动相关职能部门，对用户咨询、投诉、反馈信息进行工单派发及其跟踪处理，并可对用户进行链上代币（如积分）的奖励，鼓励市民积极参与与政府部门的互动。

84 上链前信息有误怎么办?

上链前信息的真实性、合法性
并非由区块链系统负责

信息产生后及时发布上链
排除人为因素介入
可有效保障信息真实性

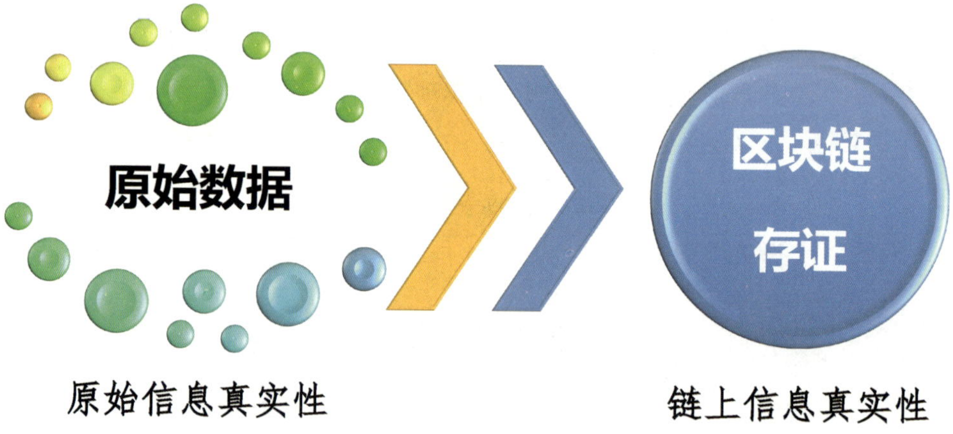

对信息实施保全，实现确权并保障信息完整性，防止信息被伪造、篡改，这是区块链具备的重要能力之一。但区块链所能确保的是信息上链后不能被人“动手脚”，却无法担保上链前信息的真实性、合法性，或者说，上链前的信息及其生成、采集、处理等并非区块链系统“辖区”。此外，任何链下操作，比如为加快交易速度而开展的链下小额支付，也不受区块链系统保护。

因此，在区块链系统环境中进行信息处理非常重要，应尽可能减少脱链操作。对于必须要做的链下处理，应尽力杜绝人为干预的环节。

例如一个数据由某种信息系统产生后，最好第一时间自动调用区块链系统接口，同步完成上链、确认，而不是先存入数据库，一段时间后才实施上链操作，否则在这“一段时间”内，入侵数据库篡改数据就存在可能性。

从另一个角度看，以网络言论上链存证为例，即便最后发现是造假、造谣等信息，其实上链存证也有其意义，可追溯谣言源头、厘清传谣路径。所以，区块链既可对原创、原始信息进行保护，又可把作恶痕迹记录在案，使之无法抵赖。不论是事实还是谎言，区块链都负责忠实地记录在案。

第六讲

叶落归根，自主掌握区块链核心

区块链未来发展
区块链技术风险
区块链自主技术
区块链技术融合
区块链安全保障
区块链远景展望
区块链开创
数字经济时代

概述

区块链是未来将扮演越来越重要角色的关键技术，所以掌握自主可控的核心技术十分必要。同时，作为一项前沿技术，区块链也与多种高新技术存在交叉点，相互碰撞、融合将可进一步产生创新技术、创新应用，创造更大价值。

85 推进区块链技术和应用有政策风险吗？

习近平：加快推动区块链技术和产业创新发展

习近平总书记在 2019 年 10 月 24 日主持中共中央政治局第十八次学习时强调——

区块链技术的集成应用在新的技术革新和产业变革中起着重要作用。我们要把区块链作为核心技术自主创新的重要突破口，目前主攻方向，加大投入力度，着力攻克一批关键核心技术，加快推动区块链技术和产业创新发展。

相关部门及其负责领导同志要注意区块链技术发展现状和趋势，提高运用和管理区块链技术能力，使区块链技术在建设网络强国、发展数字经济、助力经济社会发展等方面发挥更大作用。

↑ 国家战略，无政策风险 ↑

↓ 法律范畴，非政策风险 ↓

运用区块链技术
不开展违法业务
不从事违法活动

习近平总书记和中共中央政治局已经为区块链技术和应用明确了定位、指明了方向，就是“要把区块链作为核心技术自主创新的重要突破口”，要“加快推动区块链技术和产业创新发展”。

可见，研发区块链技术、推进区块链应用不仅没有政策、法律风险，而且完全符合国家战略。

但有人说，有人因开设虚拟币交易所而“翻船”了，有人因发行虚拟币涉嫌非法集资而“栽跟头”了，有人用区块链概念来诈骗而“吃官司”了……这些是风险吗？实际上，这些行为有的根本与区块链技术无关，有的则是踩到法律法规“红线”外了，因此并不属于“政策风险”。

在合法合规的框架下从事区块链算法研究、基础链技术开发、公链或联盟链部署和运营、上链咨询与集成服务及行业链改、创新创业等，都是国家大力支持推进的。不仅如此，我们应吸取某些产业领域被先进国家“卡脖子”的教训，从一开始就要放眼全产业链，注重区块链关键核心技术的掌握，实现自主可控，这样才能维持区块链技术和应用领域长效化发展，真正消除后顾之忧。

86 为什么要掌握区块链核心技术?

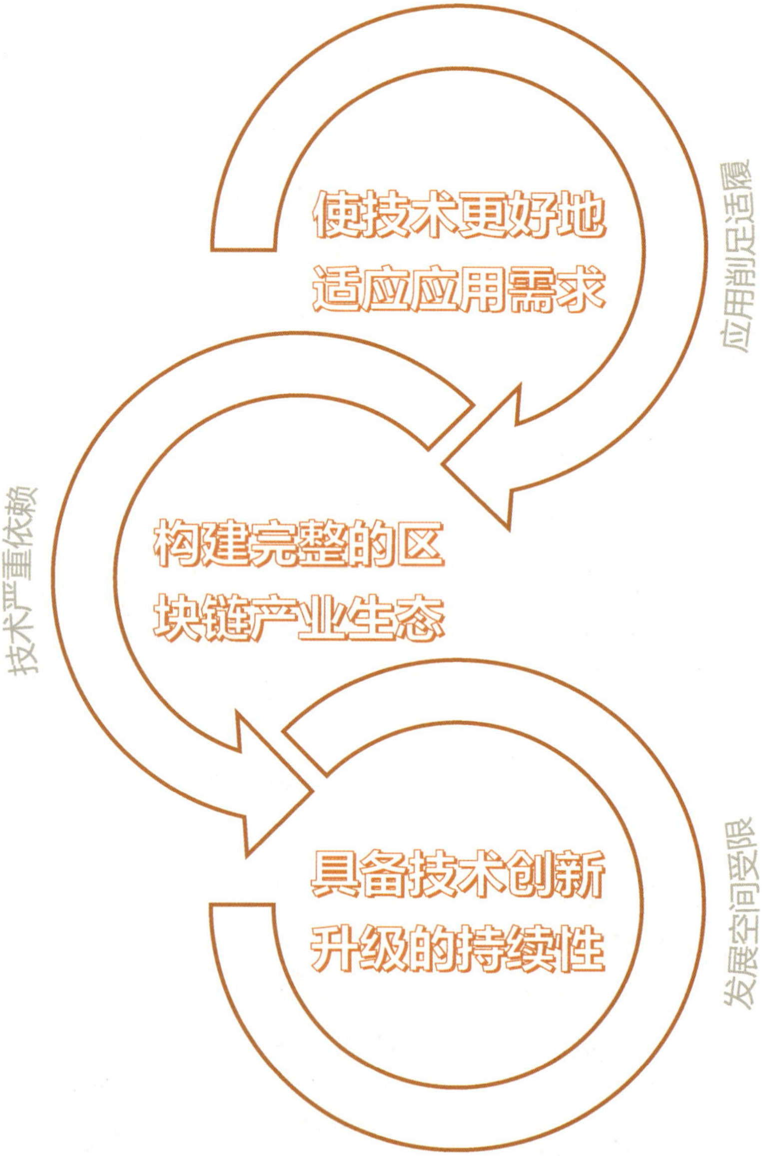

掌握区块链关键核心技术不仅是产业安全、健康、稳定发展的需要，而且对区块链技术和应用领域本身而言也非常重要——

（1）只有自身掌握技术，才能让技术来适应应用需求，而不是简单的“拿来主义”。如果无力对技术优化改进，结果只能是让应用削足适履，必然无法达到理想效果。

（2）倘若在核心技术上对外部严重依赖，区块链产业就是残缺不全的，并且缺少的是心脏、脊柱和大脑。没有底层技术的强力支撑，构建区块链产业生态就是一句空话。

（3）在掌握关键技术基础上谈创新才有意义。不论是技术还是应用，都需要推进的可持续性，没有艰难的从无到有的第一步，就不会有迭代升级的第二、第三步，更不会迈入跨越发展的新阶段。

有人说很多区块链系统反正是开源的，搬过来用即可。基于已有的成果开展应用确实是一条捷径，容易快速见效，避免重复开发，但是可控性不强。如果将区块链核心技术比作“船”，应用是“货物”，不会造船就无法为集装箱、石油、煤炭、鱼虾量身定制船型、吨位、速度、构造各异的船只，或许能力水平就只能定格在北宋《清明上河图》的“手摇船”阶段了。

87 自建底层区块链是否有必要性?

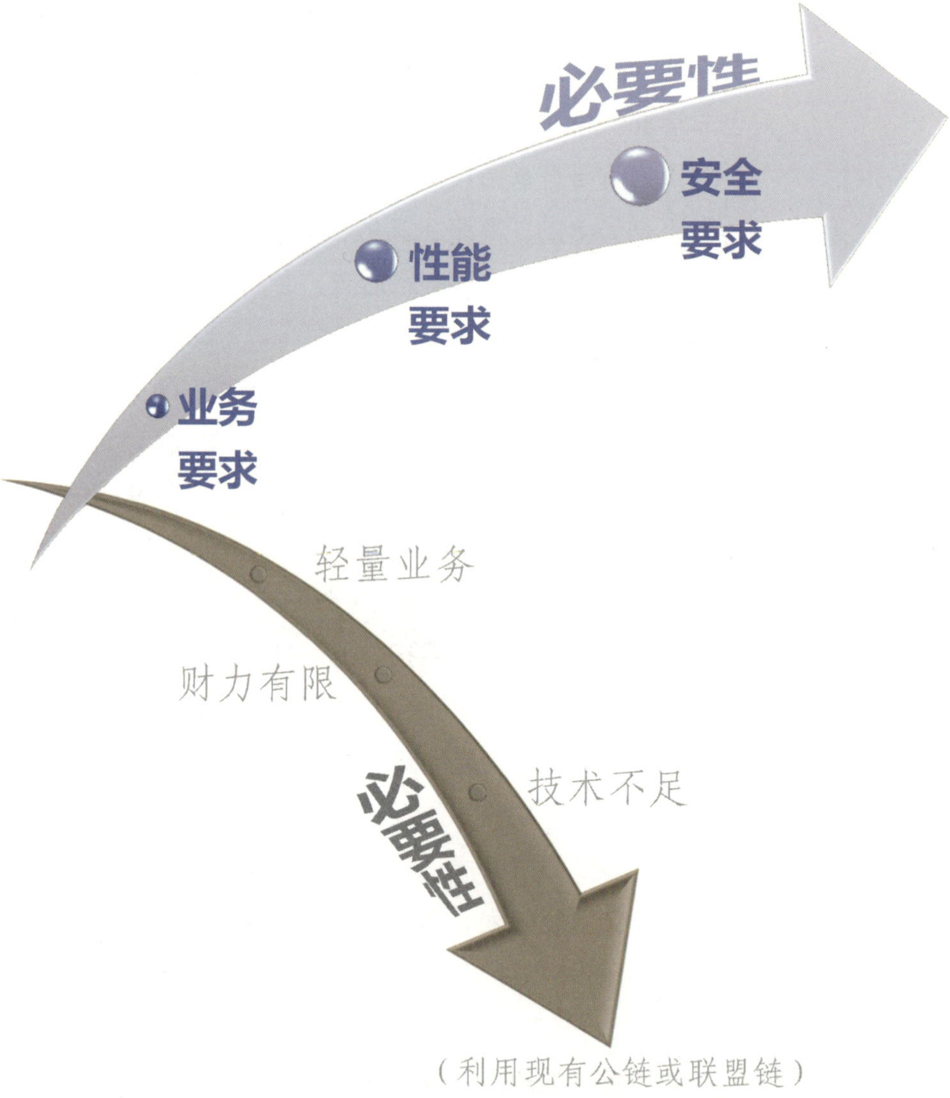

自建底层区块链（基础链）是否有必要不能一概而论，需要根据应用需求和实际条件来判断。

如果是轻量化应用，即上链数据量很少、对区块链技术指标不太敏感，自建底链的性能价格比极低，那么应果断采用现有的公链或联盟链。

如果应用对区块链有较高要求，但是财力有限或技术不足，例如中小企业或初创企业，也没有必要“硬着头皮”自建私链，可以在匹配自身业务需求的现有底链中择优，虽属无奈之举，却是明智之选。

而对于一些行业重量级应用，如金融交易、证券市场、商务贸易、电子政务，由于很多区块链底链在存储能力上、上链效率上或出块机制上不能完全适应业务所需，这种情况下自建基础链就十分必要，否则应用必然被支撑系统拖后腿。

如果有些区块链应用具有特殊的安全性要求，如需要符合隐私保护的强制性规定、包含极富价值的商业秘密、存证信息具有很强的专属性、需杜绝恶意结点的共识攻击等，毫无疑问，即使要花费较高代价，自建基础链也是必须的。

88 如何理解区块链与信息加密的关系？

信息加密技术是区块链构建基石

- 单向函数→链
- 单向函数→PoW
- 公钥加密→私钥和公钥（地址）
- 单向函数+公钥加密→签名及其验证

信息加密技术可扩展区块链功能

- 信息保密
- 数据脱链存储
- 数据授权访问
- 跨链操作
- 群签名

可以说区块链就是运用信息加密技术来构建的，两者的关系可见一斑。加密算法在区块链中几乎无处不在，而且都是系统构造的关键点：区块链的“链”、交易记录的默克尔树、共识机制中工作量证明的计算单元都是采用单向函数加密算法；用于匿名持币的公钥地址、数字资产签名、交易输入输出验证关系都是利用了非对称密钥加密算法。

充分运用信息加密技术还可以进一步扩展、增强区块链的功能及其支撑应用的能力——

- 采用对称密钥加密算法可实现信息保密性。
- 采用单向函数算法可实现满足“零知识证明”原理的原始数据脱链存储、数据标识及快速检索、信息关联与追溯。
- 采用非对称密钥加密算法可实现数字资产的数据完整性保障、安全的授权访问、跨链操作。
- 采用盲签名、群签名（环签名）算法可实现不依赖数字证书中心的数字资产确权，满足特定应用场景的需求。

因此，信息加密是区块链系统最基本、最核心的技术。牢牢掌握信息加密技术，区块链行业才能长治久安，才能在坚实的基础上获得长足发展。

89 如何理解区块链与大数据技术的关系？

大数据是采用有别于常规数据处理方法的算法，对超出传统数据库处理能力的大量数据进行分析，获得超越人类洞察力、决策力的结果。

大数据不仅要靠数据体量，同时要满足 5V 特性：

- 海量（Volume）：数据规模庞大，达到 PB 级甚至更高水平。
- 多样（Variety）：包含各种结构化、半结构化和非结构化数据。
- 快速（Velocity）：动态流转和更新数据的速度快，能反映新状态、新变化。
- 真实（Veracity）：数据来源和内容要求真实、可靠，排除虚假数据干扰。
- 价值（Value）：数据具有低价值密度，却可产生具备巨大价值的结果。

区块链系统可为大数据提供源源不断的、鲜活的数据来源，可确保数据是真实可信的；大数据技术则可为区块链存证数据、操作行为、执行规则、区块治理、信息监管、系统安全等提供数据挖掘、分析，给出运行规律及预测，为区块链技术、系统和应用的优化与决策提供依据。

90 如何理解区块链与物联网技术的关系？

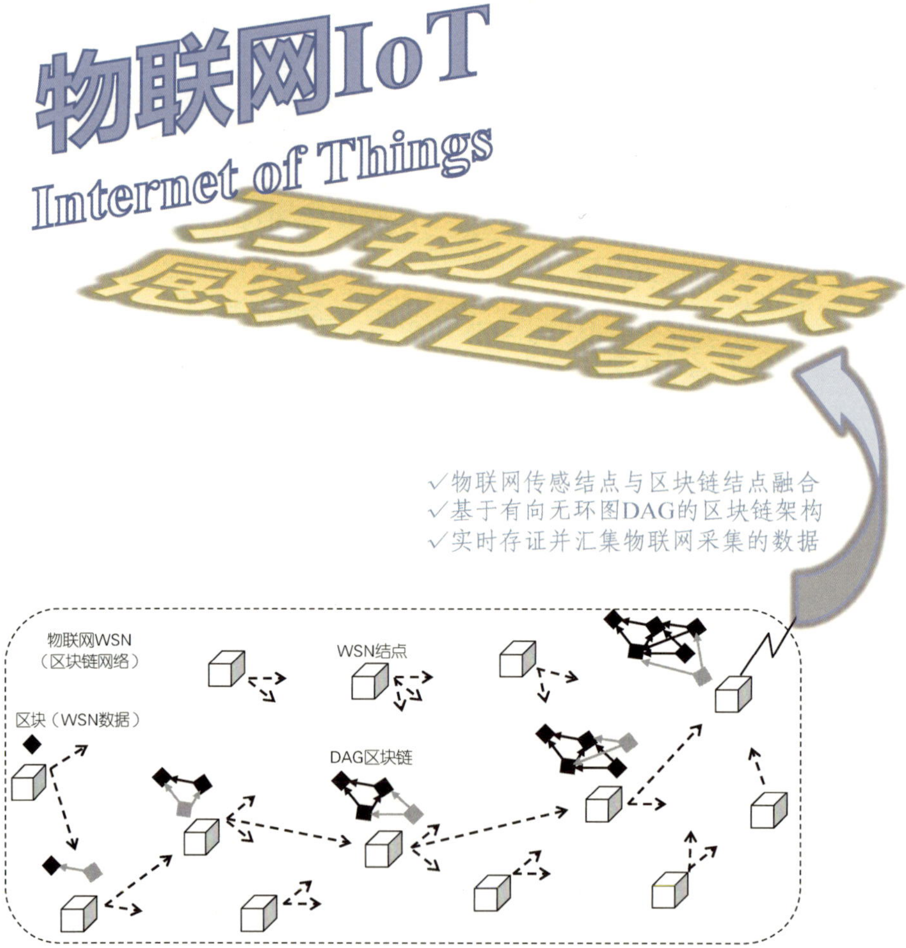

物联网提出“万物互联”的M2M理念，即除了Internet已经实现互连的机器（Machine）即计算机，还要连接物理世界的人（Man）和物（Material），包括各种非智能物品及环境。

传感器是物联网“感知世界”的关键技术，实现从物理空间的模拟量（analog）到虚拟空间的数字量（digit）的A/D转换，如温度传感器、压力传感器、位置传感器、图像传感器、声音传感器等。一旦获得了数据，计算机和网络就可进行存储、传输和处理。传感器采集的数据一般数据量不大（音视频除外），但对实时性、准确性、真实性的要求很高。

物联网数据采集通常采用无线传感器网络WSN（wireless sensor network），与区块链网络一样，都属于对等式、自组式（Ad-hoc）系统，因此两者间有天然的技术“亲和力”，可将区块链技术作为WSN数据传输、多跳转发、汇聚上传的基础，同时实现数据不可篡改的完整性保障。

可采用有向无环图（DAG）架构的区块链，每个WSN结点也是区块链结点，每次采集的单元数据独立出块，与多个区块进行哈希缠结，由相邻结点转发，最后通过汇聚结点上传到管理中心，从源端开始自然而然地形成物联网区块链，数据无法被篡改。

91 如何理解区块链与云计算技术的关系?

云计算的概念从网格计算（grid computing）逐步演化而来，用户要获取服务不需要费劲查询服务提供方、输入网址、定位所需资源、注册、填表、提交等，而只需像打开电灯开关（满足用电照明需求）、拧开水龙头（满足用水需求）一样简单易行，毋须关心核能或太阳能还是水电站发的电、由谁供电、如何变压和传输等细节。

云计算服务的提供主要有三种（三层）模式，分别面向使用者（SaaS）、开发者（PaaS及BaaS、DaaS）和运营者（IaaS）。在区块链技术和应用中，云计算能力和资源可以发挥重要作用：SaaS云服务可用于Dapp客户端、PaaS云服务可支撑区块链技术开发、IaaS可用于部署和管理区块链结点。因此，云计算技术的合理运用可有效降低区块链开发、使用门槛，复用技术、设施资源，把用户（包括开发者）从烦琐、复杂的区块链技术“深坑”中解放出来，只需专注于业务目标。

同时，区块链扩展了云计算技术。区块链对等网络实现了用户既是服务的需求者，又是服务的提供者，充分发掘和调动了分散在用户端的存储资源、带宽资源和计算资源，所以区块链是云计算的一种特殊表现形式，是云服务的有效来源之一。

92 如何理解区块链与边缘计算的关系?

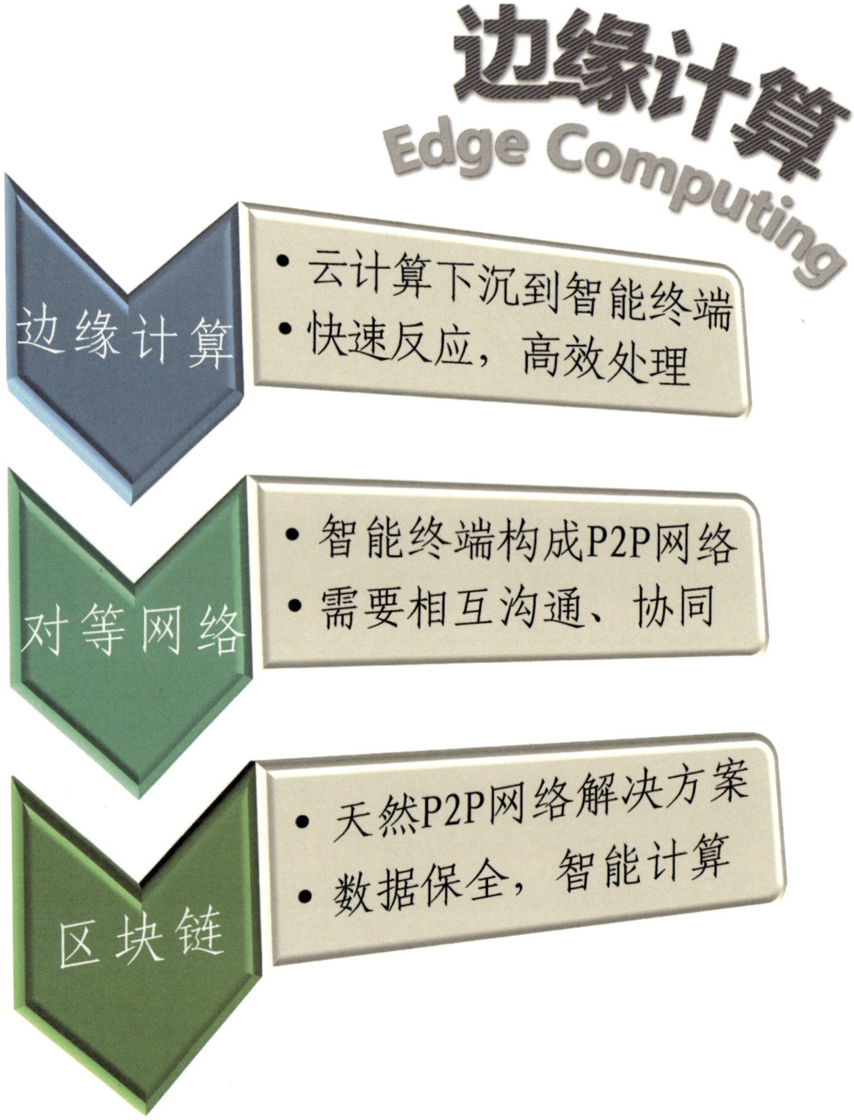

边缘计算是一种特殊的云计算技术，又称为雾计算，是将部分云计算任务分摊到信息源或宿的网络边界的智能终端上，平衡网络的计算、传输负载。

边缘计算可让计算更靠近数据生成或使用的位置，不像漂浮在天际、摸不着也看不透的云，而像弥漫在身边的雾一样更接地气。边缘计算大大缩短了数据采集—传输—处理—响应路径，提高了处理效率，减轻了云端压力，是一项发展中的未来技术。

区块链技术显然是一种面向实时数据采集等应用的边缘计算解决方案，可兼顾本地存储、快速处置、数据保全、云端分析等目标。例如具备自动驾驶能力的车载终端，既是区块链结点，又是边缘计算、物联网结点，可对检测到的障碍物本地化快速判断、迅速反应，不会受联网状况好坏的影响，同时相关数据通过区块链汇集到云端，第一可运用深度学习进行进一步分析和预测，第二可汇集大量车辆数据进行大数据分析，第三可结合交通路况等其他来源数据反馈给车载驾驶系统。

区块链和边缘计算的交集是最靠近用户的终端设备。可能每一台用户终端的性能有限，但分布广泛、数量庞大，算力、存储、带宽等资源叠加起来就是天文数字，因此两项技术的有机融合可产生巨大能量。

93 如何理解区块链与人工智能的关系？

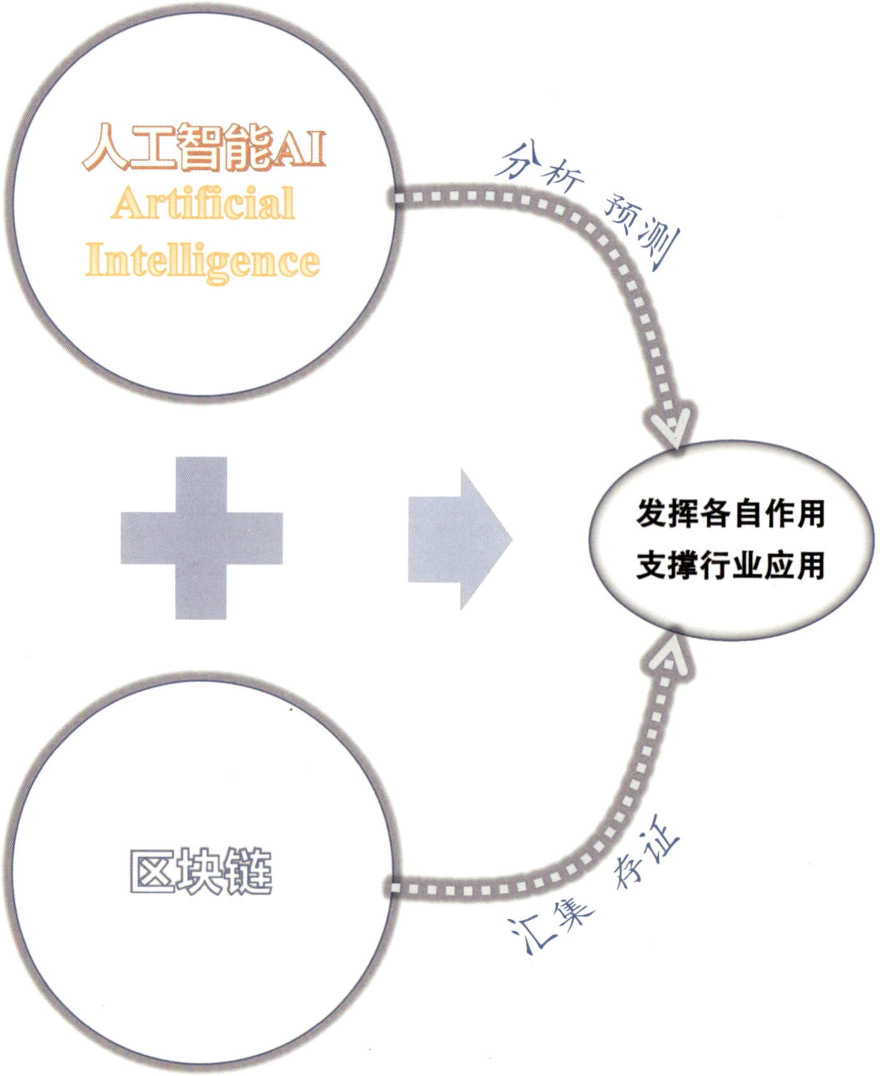

人工智能与区块链两个领域看上去桥归桥路归路、我赏花来花望天，技术上没有直接的、明显的相关性，但是放到应用场景中，两者间就能建立起紧密的协同关系。

所谓“区块链＋人工智能”，并非指将人工智能技术用于区块链，也非区块链如何助力人工智能，而是指两种前沿技术组合起来，共同为产业转型升级赋能。

其中，区块链技术为行业应用提供组网方案和可信数据来源，构成信息系统的底层；以此为基础，在更高系统层面上，可运用人工智能技术将可靠的数据变成操作指令或其他输出结果，实现智能化工作目标。在这个过程中，区块链的作用非常重要，试想，如果源头数据可能被恶意修改或造假，那么就可干预最终的指令，后果很严重。

包括区块链、人工智能在内，许多先进技术正在培育、发展中，所以技术间如何碰撞、交叉、融合，需要更多思想创新和实践探索。现在唯一可以肯定的是，技术的融会贯通将产生更强的能力、创造更大的价值。

94 为什么应促进区块链标准化？

标准化就像国家的立法，用于规范技术、应用和市场，使之避免发散、无序，引导其趋向收敛，进入健康、有序发展轨道。

信息技术的标准化通常滞后于技术，这是由信息技术发展规律所决定的。信息技术的活力在于创新，创新必然有“试错”的过程。有些新技术无法适应市场，“见光死”，就没有必要进行标准化了；那些被实践证明是有生命力的新技术，则很快蔓延开来，并产生许多分枝，欣欣向荣。

区块链就是一种前途无量的新技术，但在发展的初期，与其他技术一样，处于野蛮生长的状态。各种区块链技术和系统大量涌现，引发了诸多问题：区块链技术指标体系是什么？如何评估技术可靠性和系统性能？如何评判安全性？怎样像 TCP/IP 的 Socket 一样提供应用服务接口？进一步的问题是：如何评测链上链下协同？满足什么条件可以进行跨链操作？哪些共性技术资源可以重复运用等等。

区块链技术发展中暴露出的这些问题都说明了标准化非常必要，且刻不容缓，否则容易导致技术碎片化，一些不怀好意者会趁机浑水摸鱼，搅乱整个产业。通过国家、地方、行业标准化体系的建立，可凝聚各方力量，劲往一处使，应用上链成本也会因此摊薄，有利于促进产业快速繁荣。

95 为什么应推进区块链相关立法？

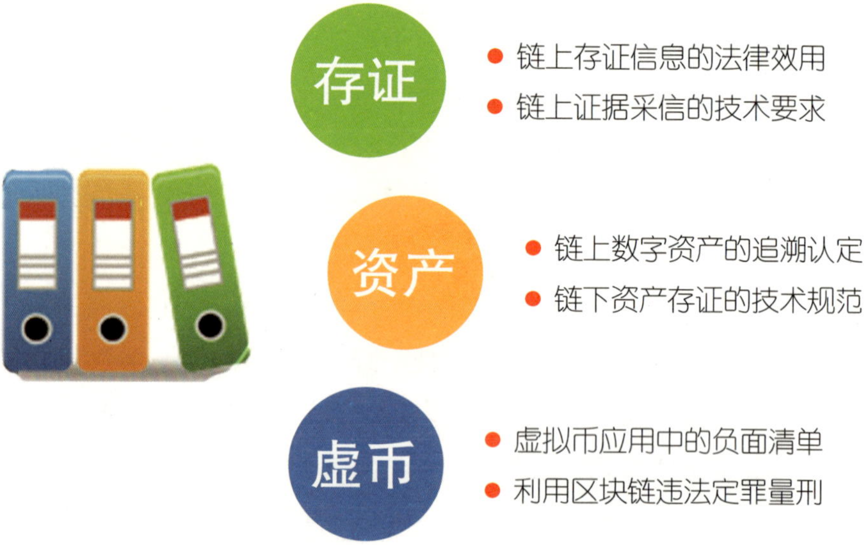

规范区块链应用

立法是更高层次的“标准化”，有法可依可逐步肃清区块链行业的种种乱象、驱逐“劣币”，让遵纪守法的从业者方向更明、道路更宽。

首先，区块链存证信息的法律效用需要得到认定，即像《数字签名法》一样，应在法律层面给予链上信息的司法采信地位。目前国内已有基于区块链保全证据的判例，可以说向这个方向迈出了可喜一步。

其次，区块链数字资产的持有者权益需要得到认定和保护。拥有区块链数字资产（不限于虚拟币）应当等同于拥有其他财产，权利理应得到维护；由区块链确权的公民应享有基本的持有权、主张权、处置权、收益权；任何侵犯数字资产权益的行为应像偷窃钱财、盗用专利一样有明确的定案、量刑条款。

最后，需要从法律法规上划定区块链产业框架，明文规定“负面清单”，确定界限，既让规范的从业者吃下定心丸，又让抱着侥幸心理敢于“踩红线”或越界的实体及行为受到惩罚。

没有规矩就不成方圆。立法绝不是给区块链产业套上锁链而使之寸步难行，更不是对产业进行打压或禁止，而是正本清源，还区块链领域一片更洁净的天空。

96 区块链与操作系统如何结合?

未来……

操作系统与区块链系统技术上大相径庭，可是在应用上存在相似性——皆自成完整生态，可闭环运行，都是重要的基础系统，用以支撑其他系统运行，而且其价值均需通过支撑应用的丰富性、重要性来体现，跑的应用越多说明越成功，反过来如果没有对接任何应用，就没有价值可言。

随着区块链应用日益深化和普及，许多业务都会实现 Dapp 化，这就意味着绝大多数计算机，不论是服务器还是终端，都需要安装区块链核心系统，成为区块链结点（或轻量化结点），甚至有些终端要跨多个区块链系统。在这种情况下，如果区块链核心系统还是作为普通用户进程执行，不但运行效率较低，而且占用资源较多。

在区块链技术标准化前提下，区块链共性技术模块其实是可以共享的，比如加密算法、签名方法、密钥管理、通信协议、区块存储、服务接口等，可以对操作系统进行功能扩展，像 TCP/IP 协议簇及 Socket 接口一样，将区块链核心共性模块集成在操作系统内核中。基于这样的“区块链操作系统”，区块链核心系统、Dapp 应用的开发将更为便捷，软件更瘦身，执行效率更高，互连互通效果更加可预测。

97 区块链与集成电路如何结合？

未来……

集成电路不仅可以实现 CPU、存储等通用功能，而且专用集成电路可以实现以太网协议、人工智能算法、图形处理等特定功能，脱离中央处理器的资源竞争环境，专业、并行、快速地完成相关计算任务。

所以集成电路化是计算机中任务执行的极致，区块链核心系统应以之为目标。

但目前区块链技术和系统尚未走完标准化历程，处于群雄争霸的局面，却都难以“一统天下”，换句话说，因为市场份额均不足以形成规模效应，无论哪种系统开发出区块链芯片，都无法被厂商接纳植入通用计算机主板，何况区块链技术还没有完全稳固下来，一旦集成电路化，升级换代就需要换硬件了。可见，区块链芯片的推出时机尚未成熟。

较为可行的中间路线是区块链共性技术的固件化，例如标准化加密算法、区块链协议，并在专用结点设备（如网点 POS 机、数据采集装置）设计中部署，弥补专用设备资源不足、嵌入式操作系统功能单一等问题。

98 量子计算是区块链“终结者”吗?

目前常用的加密算法大多基于计算量叠加的算法复杂性，比如大整数分解质数因子的困难性；当算力极强的量子计算技术成熟后，将成为这些加密算法的“终结者”

业界已经开始行动，研究后量子加密算法，实现抗量子计算强力破解；因此，基于密码学的区块链技术只要与时俱进升级新一代密码技术，就不惧量子计算时代的来临量子计算近年来取得了许多突破，已有多款原型机问世，向人们展示出令人咂舌的算力。

由于区块链技术中采用的单向函数、公钥算法都是针对现有的冯·诺依曼计算机，利用其计算能力在短时间内或用较低成本难以破解。所以，当算力高出几个量级的量子计算机初露锋芒时，有人就哀叹“终结者”来了，对区块链技术的未来表示悲观。

但其实不用过于担忧。从目前已取得的量子计算成就和进展来看，尚处于实验探索阶段，只能用来解决特定的、量身定制的计算问题，比方说只擅长做加法运算，还不会变量赋值、比较大小，更不会控制输入输出。所以，简单地说，与成为通用计算机还存在不小的距离，而要实现对现有加密算法的暴力破解，前提是要支持通用计算机编程。据保守估计，至少有十年的窗口期。

同时，业界已敏锐地意识到远期的技术风险，密码学领域早已开始“后量子密码”研究，并已取得一些成果，完全有理由相信，在量子计算时代真正到来之前，抗量子计算破解的新一代密码算法已经成熟。那么，区块链只需要进行相关加密算法升级换代，问题应可迎刃而解。

99 为什么区块链核心技术应自主可控？

可采用“反证法”。如果不掌握区块链核心技术，仅复制其他国家的开源技术或在互联网公链上开发应用，则——

① 区块链技术难以在根本上适配自身 Dapp 应用需求。

② 在区块链技术改进方向、技术实现方案等方面没有话语权，永远处于被动跟随、任人左右状态。

③ 为适应核心技术所发生的任何变化（包括版本升级），可能需要做全系统调整，跟进代价很高。

④ 一旦底层区块链因各种原因发生“停摆”或“断供”，相关业务将严重受损，甚至将完全中止。

⑤ 有朝一日当免费或廉价“午餐”结束时，为维持业务持续开展，可能需要无奈支付高昂的费用。

将房舍建于他人地基之上，能安寝否？

反观各行各业的发展，可以发现，但凡走得稳健、走得高远的，都有自己的“看家本领”。就像武林高手，立足江湖的本钱必须有一招制敌的武功；艺术大师之所以能够自成一派，当然不能描红，必然要有独特的技巧和鲜明的特点。

中国之所以能够在5G移动通信领域有长足发展，离不开3G时代就切入国际标准阵营，逐步跻身全球舞台，增强技术话语权。集成电路和操作系统领域则是反例，起步阶段就没有跟紧，差距越拉越大、对外依赖性越来越强，被迫吞下被别国“断供”的恶果。

因此，不仅要掌握核心技术，关键还要能够实现自主可控。也就是说，即使对技术很精通、可以全盘复制，但是假如没有技术主导能力，一旦技术风向标发生改变，一切就要推倒重来，产业将重新洗牌。

区块链亦然。跟随永远没有出路。从加密算法、共识机制、智能合约到跨链协议，唯有敢立潮头、力争指点江山，才能从根本上降低辛勤经营的区块链产业的发展风险。

现在意识到这一点还不晚。我国区块链技术和应用总体上处于第一阵营，只是需要摸清症结、找准路径，以核心技术为本，在应用推进、基础研发上双管齐下，假以时日，必有所成。

100 如何看待区块链的未来?

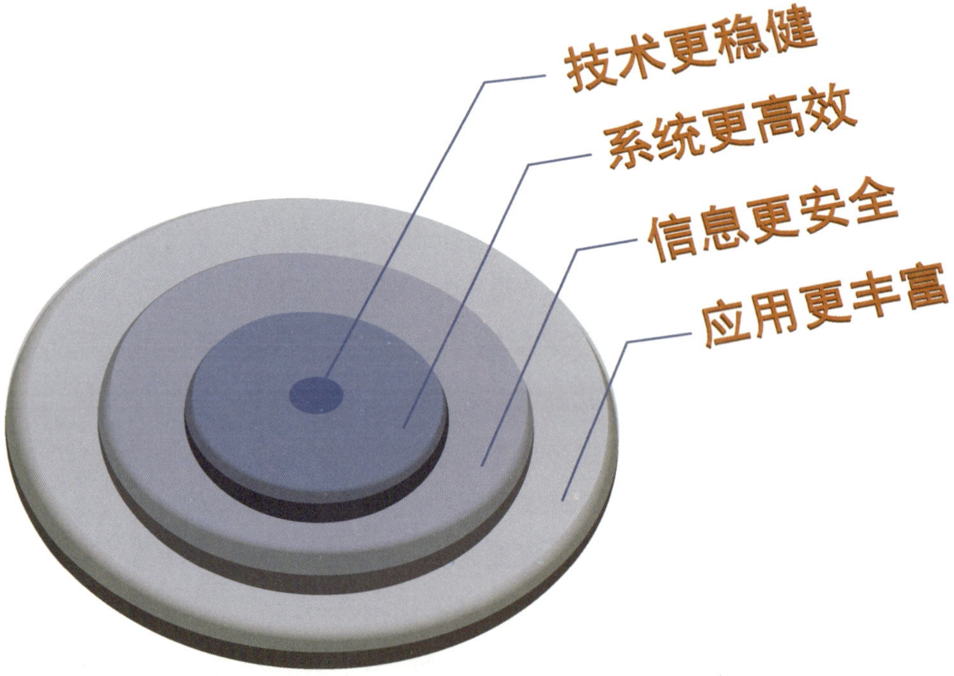

每个人心里都会有一幅不同的未来画卷。区块链的未来会怎样?

业界经常用“降维打击”来形容对一个对手的全面碾压。“降维”这个词来自科幻小说，自带科学色彩。一个“高维度生物”具有更大腾挪空间、更开阔的视野、更多手段、更强能力，自然很轻易就能将“低维度生物”玩弄于股掌之间。降维打击不仅存在与同业竞争之间，而且存在于不同行业间，甚至国家之间。比如热兵器对于冷兵器的压制，而原子弹则站上更高的维度。

对各行各业而言，区块链技术就是一个可以拥有的新“维度”，就像云计算、物联网、大数据、人工智能，不作为就等于自降维度，不啻于自甘落后，必然难以抵挡不知来自何方的“降维打击”。近代中国遭列强入侵祸害就是惨痛的历史教训，自视“强大”而如井底之蛙，浑然不知别人已迈入工业化时代，马车败给蒸汽机、内燃机就是必然的。

科学技术就是生产力。区块链技术已经证明了自身价值，也成为国家战略的组成部分，那么在数字驱动的未来，在掌握区块链核心技术的前提下，各行各业能否生存和发展就看是否可以运用好这项技术而有所作为了。